中华脚斗士运动教程

高 亮 ◎ 主编

河海大学出版社
·南京·

图书在版编目(CIP)数据

中华脚斗士运动教程 / 高亮主编. -- 南京：河海大学出版社，2023.12
ISBN 978-7-5630-8809-6

Ⅰ.①中… Ⅱ.①高… Ⅲ.①民族形式体育－中国－教材 Ⅳ.①G852.9

中国国家版本馆 CIP 数据核字(2024)第 003236 号

书　　名	中华脚斗士运动教程
	ZHONGHUA JIAODOUSHI YUNDONG JIAOCHENG
书　　号	ISBN 978-7-5630-8809-6
责任编辑	吴　淼
特约校对	丁德邦
装帧设计	槿容轩
出版发行	河海大学出版社
地　　址	南京市西康路 1 号(邮编:210098)
网　　址	http://www.hhup.com
电　　话	(025)83737852(总编室)　(025)83787763(编辑室)
	(025)83722833(营销部)
经　　销	江苏省新华发行集团有限公司
排　　版	南京布克文化发展有限公司
印　　刷	苏州市古得堡数码印刷有限公司
开　　本	787 毫米×1092 毫米　1/16
印　　张	13
字　　数	213 千字
版　　次	2023 年 12 月第 1 版
印　　次	2023 年 12 月第 1 次印刷
定　　价	98.00 元

主 编 高 亮
副主编 孙 波 王莉华 陈政德 彭文杰

前言
PREFACE

党的二十大报告明确提出:"广泛开展全民健身活动,加强青少年体育工作,促进群众体育和竞技体育全面发展,加快建设体育强国。"中国式现代化也应以实现体育强国建设为根本,将建设体育强国列为增强文化自信、推进社会主义文化繁荣的重要内容。中华民族传统体育作为中华民族优秀传统文化的重要组成部分,承载着中华民族深厚的历史文化底蕴。在建设社会主义现代化强国的新征程中,传承、发展民族传统体育,对于铸牢中华民族共同体意识、促进民族团结进步、实现中国式体育现代化具有重要价值。

民族传统体育在中国体育事业中占有非常重要的地位,是我国宝贵的文化遗产。在我国种类繁多的民俗体育项目中,脚斗士是以单脚支撑以及单膝攻击为其基本运动形式,以将对方失去平衡倒下、击出场外为取胜目的的体育运动项目。这一基本运动形式在民间是以民俗体育游戏出现,称谓也各不相同,北方多称为"撞拐""斗拐",南方多称为"斗鸡"。曾有人在网络上列举了"中国儿童十大经典游戏"——打弹珠、拍纸牌、滚铁圈、丢沙包、跳房子、跳皮筋、抓石子、打陀螺、踢毽子和斗鸡(脚斗士),脚斗士因其经典性、运动性、竞技性和观赏性等特征位列榜首。可见其承载着中国人的"集体记忆",表明其有悠久的历史,一直被人们热爱至今。当前,脚斗士运动已由一个民间普通的游戏发展成为现代体育运动项目,是我国民族传统体育的一面旗帜,代表着民族传统体育的新生和希望,是我国民族传统体育发展的一个典型的成功案例。

《"健康中国2030"规划纲要》指出:要大力发展、推广群众喜闻乐见的传统运动项目。脚斗士本身具有场地要求低、群众基础好的特点,适合广泛推行,对强身健体、陶冶情操具有重要作用。为使脚斗士运动在新发展阶段更好地发挥推进全民健身、改善全民身心健康的作用,助力国民素质整体提升。

本书由高亮教授(南京体育学院)担任主编,孙波副教授(大庆师范学院)、王莉华老师(南京信息职业技术学院)、陈政德教练(酒泉中学)、彭文杰博士(广西师范大学)担任副主编,从脚斗士运动文化、脚斗士运动价值、脚斗士运动技战术,以及脚斗士运动教学、训练、竞赛等方面进行本教程编写。希望本教程的出版能够丰富校园体育文化,使学生在学习脚斗士运动中潜移默化地认同民族文化,传承和发扬优秀民族文化,树立民族的自尊心和自豪感,增强民族和国家的凝聚力,在参与脚斗士运动中锻炼身体,掌握知识和技能。为加速脚斗士文化传承人才的培养尽一份力!

本书在编写过程中参考和引用了大量的文献和研究成果,在此表示由衷的感谢。由于编者的水平有限,书中难免出现错误和瑕疵,敬请各位专家和读者提出宝贵意见,以便日后修订和完善。

编者

2023 年 4 月

目录
CONTENTS

第一章　脚斗士发展概况 ……………………………………… 001
　第一节　脚斗士的起源与形成 ………………………………… 001
　第二节　脚斗士的概念阐释 …………………………………… 010
　第三节　脚斗士的现代发展 …………………………………… 016
　第四节　脚斗士的特点与价值 ………………………………… 028

第二章　脚斗士基本技战术 …………………………………… 037
　第一节　脚斗士的实战姿势 …………………………………… 037
　第二节　脚斗士的脚步技术 …………………………………… 039
　第三节　脚斗士的进攻技术 …………………………………… 045
　第四节　脚斗士的防守技术 …………………………………… 052
　第五节　脚斗士的竞赛战术 …………………………………… 056

第三章　脚斗士教学原理与方法 ……………………………… 069
　第一节　脚斗士教学目标与任务 ……………………………… 069
　第二节　脚斗士教学原则与方法 ……………………………… 081
　第三节　脚斗士教学模式与设计 ……………………………… 091

第四章　脚斗士训练原理与方法 ……………………………… 107
　第一节　脚斗士运动员选材 …………………………………… 107
　第二节　脚斗士运动员身体训练 ……………………………… 111
　第三节　脚斗士运动员心理训练 ……………………………… 123

第四节　脚斗士运动员技战术训练 …………………………… 133
　　第五节　脚斗士运动员训练的医务监督 ………………………… 142

第五章　脚斗士竞赛组织与裁判 ………………………………… 150
　　第一节　脚斗士竞赛通则 ………………………………………… 150
　　第二节　脚斗士竞赛组织编排 …………………………………… 159
　　第三节　脚斗士竞赛执行办法 …………………………………… 164
　　第四节　脚斗士竞赛评优办法 …………………………………… 177
　　第五节　脚斗士竞赛规程范例 …………………………………… 179
　　第六节　脚斗士竞赛裁判员职责 ………………………………… 182

参考文献 …………………………………………………………… 198

第一章
脚斗士发展概况

脚斗士运动的基本形式来源于中国民间传统游戏,俗称"斗鸡""斗拐""撞拐",是广泛流行于青少年中的一项娱乐活动,其历史文化底蕴深厚,为中华民族传统体育特色项目,乃东方搏击文化之奇葩。从产生至今,脚斗士已从一个形式简单的民间体育游戏蜕变成长为一项接轨国际的体育运动项目。

第一节 脚斗士的起源与形成

随着现代体育的发展,许多的传统体育被现代化进程挤压甚至遗弃。脚斗士运动起源于我国传统游戏,经过民族文化的自觉与外力的共同作用,对其组织体系、价值观念、技艺方式、发展路径等进行了一系列创造性开发,实现了传统体育的凤凰涅槃。形成了自身特有的项目特点和优势,并在现代商业化运营模式下发展出了自己的优势,取得了一定的成功。

一、历史起源

"脚斗士"源于中国一项古老的民间游戏,南方多称"斗鸡",北方多称"撞拐""斗拐"。据称,"撞拐"起源于5000多年前,来自一种面具舞蹈,有学者根据梁朝任昉在《述异记》中的叙述:"今冀(河北)州有乐,名'蚩尤戏',其民两两三三,头戴牛角而相抵,汉造角抵戏,盖其遗制也。"认为"脚斗士"运动是由"蚩尤戏"发展而来的。蚩尤戏最早形成于湘鄂渝黔边邻地带、东夷地区和长江中游地区,形成后向各地流传,一方面,蚩尤戏逐渐综合表演、舞蹈、歌唱、诗歌、仪式等形式，形成了一种传统戏剧艺术，如苗族巴岱蚩尤戏。另一方面，通过提取蚩尤戏中"相抵"的运动元素，一些角抵的运动项目也从蚩尤戏中分化出来，如先秦"角力"。通过将角力作为一种军事训练手段，相抵从蚩尤戏中分离出来并形成了自身的发展轨迹，《述异记》有记载："秦汉间说，蚩尤氏耳鬓如剑戟，头有角，与轩辕斗，以角抵人，人不能向。"《礼记·月令》中有："孟冬之月，天子乃命将帅讲武，习射、御、角力。"此时期，角力与射箭、御车同等重要。秦统一六国后，罢讲武之礼，武力元素较多的"角力"变为戏乐元素较多的"角抵"，据《汉书》记载："春秋以后，灭弱吞小，并为战国，稍增讲武之礼，以为戏乐，用相夸视，而秦更名为角抵。"《史记·李斯列传》中有"（秦）二世在甘泉，方作角抵优俳之观"，此时角抵活动成为一项具有观赏性的娱乐表演活动。这种情况到两汉时期更甚，角抵戏成为一种颇为流行的娱乐方式，《汉书》记载："夏，京师民观角抵于上林平乐馆。"汉哀帝"时览下射武戏（角力）"。值得一提的是，学者张君贤认为这种以徒搏为雏形的角抵技能具有很强的竞技性，认为此时角抵戏已具备成为一种体育竞赛的条件，其场地、服装和招式已有一些客观化的标准（如图1-1），其技术体系已形成基于"击打""扑摔"和"扼锁"的实战技能。到两晋、唐宋元明以后，随着朝代更替、社会变迁、民族融合的发展，角抵逐渐分裂出摔跤、相扑等形式和名称，并逐渐被这些名称所取代。不再像此前角抵所指代的"杂技百戏"。两汉及此前的角抵活动带有鲜明的以脚相绊为主的技击方式，与现代脚斗士用单脚进攻的形式有诸多相似之处，故推测"脚斗士"运动的起源受到角抵百戏的影响，

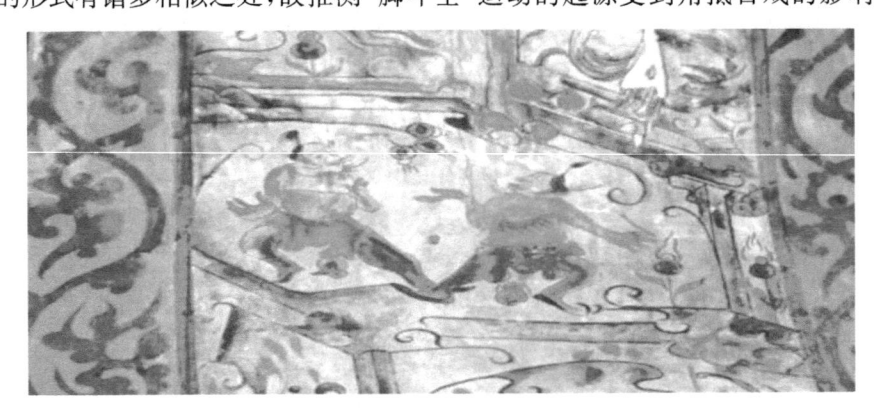

图1-1 东汉墓壁画角抵图——植发如竿 河南密县打虎亭出土

（注：可以从上图中看到两人一人以左脚同另一人以右脚相抵，双手作搏击准备，场地工整和服装相似）

后来随着发展,角抵这一概念多指向摔跤、相扑等受众较广、竞技性较强的运动,脚斗士发展式微,逐渐发展成为更为小众的民间游戏。

二、现代发展

脚斗士,是"用脚进行竞技搏斗的勇士"的简称。项目创始人吴彦达本着打造一个中国民族自主知识产权、可以屹立于世界体育之巅的民族体育项目的初衷,于2005年4月在对中国众多民间传统体育项目进行调研、论证后,选择了流行于中国民间、"以单脚支撑、单膝攻击对方"的运动形式进行深入研究,完成竞赛规则及裁判法的设计、运动护具研发及专利申请、脚斗士对人体形态机能的影响等科研课题,最后正式创立了脚斗士的运动体系。在创立之初,为使这一运动形式的名称便于传播,根据运动特点,吴彦达先生将其命名为"用脚进行竞技搏斗的勇士",简称"脚斗士"(JUDOSE)。至此,一个古老的民间游戏在21世纪完成了向国际体育进军的现代竞技体育项目的转变。

(一)脚斗士运动现代发展的时代动力

脚斗士之所以得以产生与发展,离不开个人与时代发展。既有吴彦达先生个人的理想追求、事业追求等内在因素,据此较快地建立起了脚斗士的运动体系、推广体系;同时新时代对我国民族体育创新发展、高质量发展的呼唤也是不可或缺的外部因素,从时代意义上看,脚斗士的产生与发展离不开以下三个因素:

1. 外部力量:现代体育发展助推现代脚斗士兴起

现代脚斗士的起源离不开现代体育的发展,正是现代体育的发展促进了现代脚斗士的形成。现代体育起源于英国和欧洲大陆等区域,随着人类通信技术的发展所带来的全球化,使得英国和欧洲大陆在完成工业革命之后,通过经济贸易和殖民扩张不断将本土文化向外扩散,现代体育也从英国和欧洲大陆这一核心区域逐步扩散到了诸如新加坡、韩国、中国等现代体育半核心地区。处于核心区域的现代体育,无论在组织策划全球体育比赛、制定比赛规则、体育器材研发销售上都居于主导地位,随着核心区域的现代体育随时间不断进入新阶段,各个现代体育半核心区域也随之进入新阶段。Rizter(1993)认为当今现代体育运动场馆呈现麦当劳化(McDonaldized),并进一步归纳出现代体育全球化背景下体育场馆的 4 个显著特点：(1) 高效性；(2) 可预测性；(3) 重视数量而忽视质量；(4) 人工服务被技术所取代。可以看出现代体育逐渐走向组织管理标准化、赛事活动市场化、基础设施装备技术化，以推动现代体育高效发展。吴彦达（2010）在《我国"后奥运"体育产业发展研究——从脚斗士的发展历程看奥运后民族体育的发展之路》一文中认为：要想改变民族体育市场份额少的现状，除了将我们的老传统发扬光大，最好采用国外知名体育赛事的先进经验，闯出一条我们自己的民族体育发展之路。随后吴彦达根据现代体育的上述特点，有针对性地进行了《脚斗士运动员管理办法》《脚斗士竞赛管理办法》《脚斗士教练员管理办法》《脚斗士裁判员管理办法》《脚斗士专用护膝的外形及用材》《脚斗士比赛服装》《脚斗士比赛用鞋》等课题的研究，使脚斗士的发展更适应现代体育的标准化、组织化、技术化的要求。

2. 内部力量：政府重视保障现代脚斗士发展

现代脚斗士的诞生，离不开我国政府对具有深厚历史文化底蕴的民族传统体育的大力推动。新中国成立以后，特别是改革开放以来，党和国家非常重视民族传统体育工作，把发展民族传统体育事业作为民族工作和体育工作的一项重要任务，作为社会主义精神文明建设的一项重要内容来抓，提出了"积极提倡，加强领导，改革提高，稳步发展"的方针。采取一系列有力措施，对民族传统体育进行挖掘与保护、继承与弘扬。一批民族传统体育的志书与教材、研究专著及论文相继出版；每四年一届的全国及省级民运会成为制度；体现民族特色的传统体育竞赛和文体结合的表演活动成为全民健身和精神文明建设的重要手段；部分学校特别是民族地区学校开展了民族传统体育的教学和竞赛活动；民族传统体育学被列为体育学二级学科，高校设置民族体育本科专业，开办研究生教育；旅游区特别是民族地区旅游区将民族传统体育竞赛与表演作为旅游产品进行保护与开发。同时民族体育也因具备展示我国政治制度优势、树立国家形象、弘扬民族精神、显示人民幸福生活、增强民族团结等政治功能而被我国政府所需要。这使得 21 世纪以来我国政府不断出台少数民族传统体育政策，推动我国民族传统体育的大力发展（见表 1-1）。

表 1-1　近 20 年我国少数民族传统体育的相关政策汇总表

文件名称	发文机构
《关于进一步加强少数民族文化工作的意见》(2000 年)	文化和旅游部；国家民族事务委员会
《全国少数民族传统体育运动会竞赛项目立项暂行规定》(2001 年)	国家民族事务委员会；国家体育总局
《关于运用传统节日弘扬民族文化的优秀传统的意见》(2005 年)	中央宣传办；中央文明办；教育部；民政部；文化和旅游部
《关于印发〈关于加强少数民族传统体育工作的意见〉的通知》(2006 年)	国家民族事务委员会；国家体育总局
《关于印发〈少数民族事业"十一五"规划〉的通知》(2007 年)	国务院办公厅
《关于进一步繁荣发展少数民族文化事业的若干意见》(2009 年)	国务院
《中华人民共和国非物质文化遗产法》(2011)	第十一届全国人民代表大会常务委员会
《关于加快发展体育产业促进体育消费的若干意见》(2014)	国务院
《体育发展"十三五"规划》(2016 年)	国家体育总局
《"健康中国 2030"规划纲要》(2016 年)	中共中央；国务院
《关于进一步加强非物质文化遗产保护工作的意见》(2021)	中共中央；国务院

3. 自我力量：体育事业发展促进现代脚斗士诞生

脚斗士是我国体育产业不断发展、体育事业不断壮大、群众体育需求不断增强的时代产物。在体育产业方面，自有国家统计体育产业数据以来，2006 年—2021 年，我国体育产业规模持续扩大，2006 年我国体育产业增加值仅 982.89 亿元，2020 年我国体育产业增加值已达到 10 735 亿元，总规模 27 372 亿元，2007 年—2015 年我国体育产业增加值年均增长速度达到 21.26%，2016—2019 年我国体育产业增加值年均增长速度达到 18.5%。体育产业的蓬勃发展使得诸多民族体育项目拥有了产业发展的基础条件及配套设施，发展民族体育项目并将其产业化、商业化变成了一种可持续可盈利的生产活动。在体育事业方面，我国的民族体育政策随着渐进式变迁，逐渐形成自身的政策保障和制度体系；在品牌赛事打造上，带有民族体育色彩的全国少数民族传统体育运动会自 1953 年至今已成功举办 11 届，民族体育规模和影响力不断扩大；在参赛人数上，从第 1 届只有 395 人参赛到第 8 届以后都在 7 000 人以上，整体呈阶梯状上涨态势；在参赛项目方面，竞赛项目由最初 5 项增至 17 项，表演项目由最初 31 项增至 84 项。1999 年—2019 年，国家体育总局、国家民委多次组织专家对相关项目竞赛规则进行修订、完善。除了国家层面的努力外，各省、自治区、直辖市为了推广、扶持少数民族传统体育，同样以 4 年为周期分别举办了各自的少数民族传统体育运动会。民运会的一次次成功举办，不仅极大地调动了各族人民认同中华文化、弘扬中华文化的积极性，而且凝聚着民族团结的力量，悠久的历史底蕴使得每个民族项目都极具包容性，为中华民族共同体意识的传播贡献着力量。在科研方面，民族体育文化学术交流与研究一直备受重视。1986 年 8 月 20 日至 23 日，国家体委、国家民委在新疆乌鲁木齐举办了我国首届民族传统体育学术研讨会，会上就我国少数民族传统体育历史、演变、现状及发掘整理工作进行座谈研究。进入 21 世纪，在少数民族传统体育研究中运用人类学、民族学方法及理论促进了体育人类学的长足进步，拓宽了少数民族传统体育研究空间。2017 年，中国人类学民族学研究会体育人类学专业委员会在中央民族大学成立，致力于加强少数民族传统体育文化理论研究，向体育文化研究经济实体化发展，并建立体育人类学研究可持续发展机制。在教育方面，1997 年民族传统体育设立为学科，2011 年，义务教育《体育与健康课程标准》中提出：各地、各校可根据实际情况选用武术、舞狮、舞龙、踢毽子、抖空竹等民族民间传统体育活动来补充和丰富体育与健康课程教学内容，课程建设贯穿幼儿园到大学。我国体育产业及体育事业规模不断提升，市场机制、管理机制日趋完善，充分激发了人民群众对于体育健身的需求，民族体育发展也因此迎来了重大机遇。

综上所述，脚斗士运动借助国家和社会着力弘扬民族传统体育文化的有利契机，随着我国体育产业和体育事业不断蓬勃发展的浪潮，在现代体育的影响之下，经历挖掘、整理、普及、提高，使其竞技性、规范性、精确性，突破了一定区域和民族的界线，成了从民间娱乐走向全国竞赛的民族传统体育项目。

（一）脚斗士运动起源与发展的个人动力

现代脚斗士的发展离不开吴彦达先生的个人推动，吴彦达是位极具有民族责任感的民营企业家。在房地产井喷、体育产业低迷的 2005 年，吴彦达毅然投身于中国民族体育产业。在对中国众多民间传统体育项目进行研究后，选择了流行于中国民间、"以单脚支撑、单膝攻击对方"的运动形式（民间称

"斗鸡"或"撞拐")。他带领研发团队在武夷山用一年时间完成了竞赛规则及裁判法的设计、运动护具研发及专利申请、脚斗士对人体形态机能的影响等科研课题,正式创立了该项目运动体系。至此诞生了全新的民族原创竞技体育项目——脚斗士。

经过十余年打磨,从研发、创立到国际推广,脚斗士已成为民族体育崛起的先行者,一度被媒体誉为"中国最有希望进入奥运会的体育项目"。曾任国际大学生体育联合会主席的乔治·基里安认为"脚斗士是一项有利于在全球青少年中普及推广的优秀体育运动";曾任国家体育总局局长、中国奥委会主席的刘鹏认为"脚斗士是群众喜爱,易于参加,便于推广的一项好的群体活动";曾任第十届全国政协常委、中国奥委会副主席的张发强评价"脚斗士在民间传了已经五千多年了,而且它易学,容易开展,对场地等条件要求都比较低,是非常容易推广,而且源自生活,深受青少年喜爱的一项运动"。

吴彦达以脚斗士作为自己毕生的事业,认为中国体育产业发展唯有民族原创体育赛事才能实现破局,在践行民族体育崛起的历程中,吴彦达开创了关于民族体育的"十大"重要理论和举措:(1) 体育产业"金字塔"价值理论。2005年吴彦达便认为体育产业不仅具备健身娱乐、经济产业功能,还具有文化传播功能,认为体育是文化的载体,文化是体育的灵魂。"中国体育的困境是注重内容,而是不注重载体,金牌不能完全代表体育,文化是体育的灵魂和内涵。唯有这样,体育才能走得远、走得久、走得有价值。城市的文化需要体育为载体进行传播,体育成为城市的名片,也是城市的精神。要拉动内需,促进消费,树立城市的文化和凝聚力,体育是重要的抓手。"考虑到体育与文化的紧密关系,民族体育赛事不仅仅承担赛事功能,更肩负起文化传承的作用。"呼吁国人更多关注民族体育,多关注一下自己的市场。如果继续走购买版权的老路,只能让出市场上民族体育的生存空间,它对中国体育并没有任何帮助。"(2) 挖掘并赋予了脚斗士运动强大的文化内涵和民族力量。脚斗士是源于中华民族传统文化的一项运动,从广为人知的民族民间体育游戏中发掘,经过整理规范,再回归民众体育,具有很强的中华民族传统体育特点。国际脚斗士协会章程里明确提出了"勇于担当、永不放弃"的脚斗士精神,并向全球推广。以民族体育项目强健民族精神,凝聚民族力量,是脚斗士最大的精神价值。(3) 创立之初,脚斗士运动就制定全球发展标准。作为中国民族原创体育的杰出代表,拥有制定全球发展标准的决策权,使得脚斗士运动从创立至今始终保持脚斗士运动的"民族性",用国际化视野和国际通用标准来制定规则,吴彦达率专家团队在赛事规则、裁判法、标准等体系上多方研发,先后出版《脚斗士运动》《脚斗士竞赛规则与裁判法》等多个脚斗士比赛办法、规则,以此作为脚斗士全球推广发展的标准,使得脚斗士运动拥有更大的发展空间。(4)中国首个拥有全球118个国家和地区知识产权保护的民族体育运动。随着20世纪80年代奥林匹克运动的迅速推广,体育产业已经成为一项全球产业。我国加入WTO和申办2008年奥运会成功以后,国人对体育产业知识产权的重视程度与日俱增。尤其在我国建立知识产权保护的短短30年时间内,建立健全知识产权保护的法规建设可谓迫在眉睫。吴彦达先生早在10年前就已经意识到知识产权尤其是全球知识产权对脚斗士运动发展与中国民族体育发展的重要性,迄今为止,脚斗士运动已经获得全球118个国家和地区的知识产权保护。(5)注重"产学联动",打造高素质运动人才培养输送体系。作为普及高等体育文化、培养高等人才的大学体育教育,对体育产业有不可估量的价值和地位。体育产业不仅需要专业体育人才、运动员、经纪人,更重要的是有一个较高体育文化知识、理解体育内在价值的消费人才市场,全国拥有数以万计的大学生的高等体育专业院校、综合性大学及相关体育学院,有能力、有责任、有义务担负起推动体育产业发展的重任。吴彦达先生在项目创立之初,就实施了"产学联动"的脚斗士高素质人才培养计划,分别在北京、上海、天津、广东、福建、陕西、山西、山东、四川、辽宁、黑龙江、湖北等地高校举办了数百期脚斗士教练员培训班,全国500余所高校的骨干教师参加了培训。同时,脚斗士与国内高校联动,共同建立了16个脚斗士运动基地,并以职业俱乐部的市场化模式进行运作。(6)提出"体育+旅游+文化"的融合发展模式。体育旅游是旅游业和体育业交叉融合的新行业,对于旅游业和体育行业都有明显的带动作用。2009年,凭借其前瞻性眼光,吴彦达先生将脚斗士项目"落户"武夷山。武夷山市被授予"武夷山——脚斗士运动发源地"的称号,连续6届的"武夷山·阿里山海峡两岸脚斗士比赛"不仅吸引了大量的脚斗士爱好者来到武夷山观光旅游,促进当地旅游产业升级,推动武夷山的可持续发展,更使得武夷山市成为海峡两岸文化交流、民心互通的窗口和平台,脚斗士成为武夷山市亮眼的城市名片。(7)开创了搏击类赛事团体赛先河。古往今来搏击赛事都是一对一的运动,而吴彦达认为体育,尤其民族体育不仅仅是展现匹夫之勇的骄傲,更是展现团队作战的水平,为了改变搏击类运动没有团体赛的现状,2012年,吴彦达先生毅然放弃了在央视如火如荼、收视看好、收益不错的周播栏目,研发起脚斗士的团体赛。他大胆尝试,融入了中国古代战争思想,充分体现了中国象棋的元素,把"车、马、炮、相、将"这些独立的棋子和讲究排兵布阵如"田忌赛马"的东方智慧相互结合,创设了"复式进攻"的脚斗士团体五人赛模式,将整个比赛分为兵卒对抗赛、兵卒挑战将帅赛和将帅对抗赛三个单元,层层递进的进攻模式,使比赛悬念不断,妙趣横生,更加有观赏性,彻底结束了搏击类运动没有团体赛的历史。(8)开创了"体育＋传媒"融合发展模式。目前现代媒体已成为传播体育信息最重要的手段,现代传媒具有独特的宣传效果,传播了体育文化,优化了体育资源,同时推动了体育产业的快速兴起和发展。现代媒体与体育产业的走向是相辅相成的,吴彦达先生抓住了这一时机。2006年10月成功举办全国首届脚斗士大赛,全国六大赛区上万人参赛,总决赛在中央电视台体育频道播出,收视率大大超出预期,央视-索福瑞收视数据显示:脚斗士收视率在CCTV-5的50多个节目中位居前十位,超过世界职业拳王争霸赛等竞技类赛事,创造民族体育赛事收视之最。2009年3月,他与中央电视台体育频道签署了协议,联手打造了"挑战脚斗王"电视擂台赛;2015年,脚斗士俱乐部联赛以城市保卫战的形式在福建展开,并在优酷等平台上播出。(9)全球化布局,由体育追赶者变为民族体育领跑者。体育全球化与经济、文化全球化一样,是现代社会发展的必然选择。脚斗士从创立之初就确定了"立足民族、走向世界"的发展方向。经过十余年的发展,脚斗士已经在美国、日本等全球十余个国家和地区进行了上百场赛事表演和交流活动,同时凭借脚斗士运动全球知识产权保护体系,相继在美国、韩国等地开设了脚斗士协会,向全球推广中国民族原创体育脚斗士。(10)开创了民族原创体育三级俱乐部联赛体系。吴彦达先生认为,体育将是中国产业未来最有生命力的产业之一,而拥有自主知识产权的脚斗士三级俱乐部联赛更将是中国体育产业结构改革的排头兵,其中三级俱乐部联赛即国际脚斗士俱乐部联赛平台、中国脚斗士俱乐部联赛平台、省级脚斗士俱乐部联赛平台。他将促使中国体育产业由局限于生产体育用品的制造业转向知识产权为主的文化行业。脚斗士三级俱乐部联赛将打造成为除足球、篮球外的中国第三大职业俱乐部联赛。

第二节　脚斗士的概念阐释

概念是对事物相对稳定的认知,它不仅揭示事物的属性,也具有固化认知的作用,概念是认知论证的基础,有了概念,人们才可以运用概念做判断和推理,才可以进行论证,因为判断是由概念构成的,推理是由判断构成的,论证又是由判断和推理构成的。一般来说,概念就是事物及其特有属性在思维中的反映。通常而言我们采取下定义的方式明确概念,主要明确概念的内涵和外延,概念内涵指事物特有属性的反映,概念外延指反映事物特有属性的具体对象。在进行定义时,首先需要分清事物所属母类(属)、子类(种)和子类差(种差),因为给概念下定义就是揭示出这个概念所指的母类加子类差。且需要遵守以下规则:(1)在每一次分类时,应当用同一个分类标准;(2)分类后的各个子类的和应当与母类相等;(3)内涵与外延成反比关系;(4)内涵和外延的限定宽窄根据实践需要限定以使得概念被准确地运用到实践中。

一、基于生产实践语境下的脚斗士概念

在脚斗士的生产实践中,吴彦达在《脚斗士运动》中将脚斗士视为一项文化创意产业,认为脚斗士项目具有中华民族传统文化进行的深挖掘和再创造,富有创意性和创造力、注重知识产权保护、定位于全球推广等特性,符合文化创意产业的特征。但文中并未对这一语境下的脚斗士概念进行界定。

针对这一定义而言,脚斗士被视为一种文化创意产业,目前学术界虽然对于文化创意产业的概念尚未形成公认的定论,但根据对"文化产业"和"创意产业"的本质特征及同一类经济现象的整合概括,笔者认为文化创意产业更为强调文化产业的文化积累和创意产业的科技创新的特征。北京市《文化创意及相关产业分类》(标准号:DB11/T 763-2015)认为文化创意产业指:以创作、创造、创新为根本手段,以文化内容和创意成果为核心价值,以知识产权实现或消费为交易特征,为社会公众提供文化体验的具有内在联系的行业集群。《上海市文化创意产业分类目录(2018)》认为文化创意产业指:以人的创造力为核心,以文化为元素,以创意为驱动,以科技为支撑,以市场为导向,

以产品为载体,以品牌为抓手,综合文化、创意、科技、资本、制造等要素,形成融合型的产业链,体现文化创意产业发展的新型业态。

综上而言,文化创意产业主要指充分利用人的创造性思维和科学技术手段将文化和创意产业化,生产出以知识产权为主要形式的商品的一系列跨领域、跨行业、跨部门的产业组合。本文回顾了各省市对于文化创意产业所出台的地方标准(见表1-2),根据以上对于概念定义的分析,以及脚斗士运动主管方脚斗士协会所在城市北京的文化创意产业地方分类标准(标准号:DB11/T 763-2015),可知脚斗士应当被归于文化创意产业中的"旅游、休闲行业"这一大类之中。并进一步将脚斗士归属于"旅游、休闲行业"中的"休闲娱乐活动"下的"休闲健身娱乐活动"(代码9230)。

表1-2 我国部分城市(或地区)文化创意产业分类地方标准

城市	文化创意产业分类
香港	艺术品、古董及工艺品、文化教育及图书馆、档案保存和博物馆服务、表演艺术、电影及录像和音乐、软件、电脑游戏及互动媒体、广告、建筑、设计、出版、电视及电台、娱乐服务
台湾	视觉艺术、音乐与表演艺术、文化展演设施、工艺、电影、广播电视、出版、广告、设计、设计品牌时尚、建筑设计、创意生活、数字休闲娱乐
深圳	新闻出版、广播影视、创意设计、文化软件、动漫游戏、新媒体、文化信息服务、文化会展、演艺娱乐、文化旅游、非物质文化遗产开发、广告业、印刷复制、工艺美术
北京	文化艺术、新闻出版、广播电视电影、软件网络及计算机服务、广告会展、艺术品交易、设计服务、旅游、休闲娱乐、其他辅助服务等
上海	媒体业、艺术业、工业设计业、建筑设计业、时尚创意业、互联网和相关服务业、软件与信息技术服务业、咨询服务业、广告及会展服务业、休闲娱乐业、文化装备制造业、文化创意投资运营、文化创意用品生产。
杭州	文化艺术、影视传媒、信息软件、产品设计、建筑景观设计、时尚消费、咨询策划
苏州	传媒业、文化艺术服务业、文化信息传输服务业、设计服务业、文化旅游业、数字内容与动漫游戏业、文化会展业、教育培训业、文化用品及设备的生产以及文化用品及设备的销售

(资料来源:各城市文化创意产业分类目录及文化创意产业相关文件)

此时确定脚斗士的邻近属,是给脚斗士下定义的第一步,也是说明"脚斗士是什么"的前提。只有说明了"脚斗士是什么"(属),才能进一步说明"脚斗士是什么样的什么"(种差)。根据以上分析,将休闲健身娱乐活动确定为脚斗士"大类"(属),目前脚斗士作为文化创意产业,其主要目的在于通过组织赛事、教学培训等活动开展,进一步促进群众健身休闲。

为给脚斗士作出更为准确的定义,还需要考察在休闲健身娱乐活动下脚斗士与邻近属之间的差别（种差），通过回顾文献和我国体育文化创意产业的发展，武术、龙狮等其他民俗民间体育和传统养生类文化创意项目具有和脚斗士特质相近的部分，可作为邻近子类进行分析。通过比对脚斗士、龙狮、武术三项文化创意产业的相同点和区别，发现脚斗士项目具有"现代性""原创性""竞技性"。其中现代性主要指脚斗士的现代模式完全起源于现代，武术、龙狮等产业活动并不完全起源于现代。原创性主要指脚斗士的发明设立是由吴彦达及相关主创人员原创发明的，而武术和龙狮则吸收了传统文化的诸多养分，其现代产业的发展没有明确的知识产权归属。竞技性主要指脚斗士拥有较为完善的竞赛制度，对于竞赛规则、裁判法、运动护具、得分规则等都有明确制度安排，保证了脚斗士的竞技性。

综上，通过对脚斗士作为一项文化创意产业进行"属＋种差"的概念定义，认为脚斗士是一项以单脚支撑跳跃，以手握非支撑脚小腿及以下部位为主要运动形式，具有现代性、原创性、竞技性特征，满足于群众休闲健身娱乐的文化创意产业。

二、基于动作实践语境下的脚斗士概念

将脚斗士作为一种身体活动来看，其动作特征主要体现在：单脚支撑、以手握非支撑脚小腿及以下部位为基础姿势，以非支撑脚的膝关节、大腿部、小腿部通过上挑、下压、套膝、顶撞、摆膝、弹推等为攻击姿势。因此在此动作实践语境下，脚斗士是一项以单脚支撑、以手握非支撑脚小腿及以下部位，以非支撑腿的膝关节、大腿部、小腿部通过上挑、下压、套膝、顶撞、摆膝、弹推等为攻击手段的中国传统角力类体育运动。

三、基于赛事实践语境下的脚斗士概念

吕洪举曾对全国脚斗士精英赛中技术运用进行分析，在其论文《对脚斗士比赛中技术运用的研究——以全国脚斗士精英赛为例》中，运用田麦久项群训练理论，依据技能能力作为分类主导因素，可将运动项目分为体能主导类和技能主导类（见表1-3）。

表 1-3　竞技能力主导类因素分类

大类	子类	项目
体能主导类	快速力量性	跳跃、投掷、举重
	速度性	短距离跑(100 m,200 m,400 m)、短游(100 m)、短距离速度滑冰
	耐力性	中长距离竞走、跑、游泳、越野滑雪、长距离公里自行车、划船
技能主导类	准确性	射击、射箭
	难美性	体操、艺术体操、技巧、跳水
	隔网对抗	乒乓球、羽毛球、网球、排球
	同场对抗	足球、冰球、曲棍球、篮球
	格斗对抗	摔跤、柔道、拳击、击剑、武术(散打)

　　脚斗士赛事通常是在1分钟至1分半内与对手对抗的运动项目,比赛时间短,技术多变异组合和固定组合,脚斗士运动员比赛成绩的取得主要通过两大途径,即自身技术的正常发挥和运动员控制和调整心理的能力,此外脚斗士运动员比赛是身体直接接触的对抗,是力量、速度、耐力、灵敏等综合运动素质和技术运用能力的较量,由此可见脚斗士运动属于技能主导类。技能主导类表现准确性的运动项目的技术动作都属于单一动作结构,在比赛中,选手们的技术动作固定不变,队员相互间不产生明显的影响,运动成绩的取得主要依靠自身技术的正常发挥和心理状态的控制。技能主导体现难美性主要表现为时空判断准确,能够熟练掌握各种专门器械,对身体姿态控制的能力较强。在赛场,尽情地展示自身所具备的能力,通过裁判员评分,获得运动成绩,根据名次决定排名。由此可见,以上两个项群都没有直接的身体对抗,所以脚斗士运动不能列为以上两个项群。技能主导类隔网对抗性项群通常都要求运动员具备良好的拼搏精神和高度自我控制能力,还要求具备良好的时空知觉能力、反应速度和集中注意力的能力,由于是隔网对抗,所以,不会有身体接触。技能主导类同场对抗性项群,该项群的运动项目大多集中在球类。评分方式为得分类,并且比赛方式是多对多,还借助一定的器具决定比赛的胜负;由此可见,脚斗士运动不符合以上两个项群。

　　根据田麦久的项群训练理论,技能主导类格斗对抗性项群运动包括拳击、散打、跆拳道、柔道、摔跤等,根据其运动形式,又都为"对抗双方的身体间隔一定的距离"的对抗项目。根据该项群的比赛规则,从比赛时间以及制胜方式中不难推断,格斗对抗项目涉及无氧代谢过程和有氧代谢过程,并且是以有氧供能为基础,无氧供能为后盾的混合供能方式。比赛的胜负评定大多数是得分和制胜两类。格斗性项目是运动员身体直接接触的对抗,是以体能为前提的技术运用能力的直接较量。所以,从以上该项群的特征来看,脚斗士运动符合技能主导类格斗对抗性项群的各种要求和特征。

从动作结构上看,马特维耶夫将竞技项目动作结构分为单一动作结构、多元动作结构及多项组合结构三大类。二级分类又将单一动作结构分为非周期性、周期性和混合性,多元动作结构分为固定组合和变异组合,多项组合结构分为同属多项组合和异属多项组合(见表1-4)。

表1-4 按动作结构对竞技运动项目的分类

大类	子类	项目
单一动作结构	非周期性	铁饼、铅球、链球、举重、跳跃滑雪
	周期性	竞走、自行车、设计、射箭、划船
	混合性	跳高、跳远、标枪、三级跳远、撑竿跳高
多元动作结构	固定组合	体操单项、武术单项、花样滑冰、马术、回旋滑雪、自由式滑雪
	变异组合	篮球、手球、足球、水球、曲棍球、冰球、网球、排球、摔跤、柔道
多项组合结构	同属多项组合	田径男子十项全能和女子七项全能、速滑全能、体操全能、艺术体操全能、武术全能
	异属多项组合	现代五项、冬季两项、铁人三项

由表1-4可知,首先,脚斗士动作结构不是固定不变的,从技术上说,有进攻、防守及防守反击。其次,脚斗士的动作根据赛场的具体情况而变,有一定的随意性,变化多端。最后,多项组合结构要求,各个单项属于同一运动大项,如田径男子十项全能和女子七项全能。综合以上所述,脚斗士既不属于单一动作结构,也不属于多项组合结构。

分析脚斗士的动作特点,将脚斗士运动定位多元动作结构,多元动作结构又分固定组合和变异组合,固定组合类项目要求运动员在比赛中完整地"再现"训练中千百次重复练习的动作组合,而变异组合则要求运动员在比赛中视赛场情况来选择技战术的实施,将平常训练中已经掌握的技战术正常地发挥出来。多元动作结构变异组合的运动项目的技术特征为:应变性、准确性、简捷性、突然性和快速性等。应变性是最重要的技术动作特征,由于在对抗中运动员运动技术的运用受对手的制约很大,运动员必须根据临场情势的变化及时地做出调整并采取相应的有效措施。其多元动作结构变异组合项目对运动技术的应变性要求更高。准确性主要表现为判断准、位移准、击打准三个方面,只有判断准、位移准才能尽可能地躲避对手的攻击,只有击打准才能得分,准确性是赢得比赛的重要保证。对比固定组合和变异组合的要求和特点,我们发现脚斗士项目属于多元动作结构变异组合。从各项赛事成绩的评定方法,可将众多竞技项目分为测量类、评分类、命中类、制胜类和得分类五大类(见表1-5)。

表 1-5 各运动项目所述项群的评定方法

成绩评定方法	评定指标	运动项目
测量法	高度、远度、重量、某段距离所需时间	田径、游泳、速度滑冰、滑雪、自行车、划船、举重、射击、射箭
评分类	特定的规则和评分方法,对完成的动作质量评定	体操、艺术体操、跳水、花样滑冰、花样游泳、马术、武术
命中类	命中某一目标次数多少	射击、射箭、篮球、手球、足球、击剑、冰球、水球、曲棍球
制胜类	通过绝对制胜获胜和命中得分情况判别胜负	摔跤、柔道、拳击
得分类	得分达到规定的数目即为获胜	乒乓球、羽毛球、网球、排球

脚斗士比赛的场地具有一定高度的擂台,比赛的方式都是一对一的对抗、按体重分级别比赛、以绝对的胜利或者得分方式取胜等项目特点,一般的脚斗士比赛,很少出现绝对制胜的情况,大多数情况,比赛选手都是通过得分决出比赛胜负的,得分方式有直接将对手挑翻在地或者将对手逼出场地,每次成功得三分,还可以在进攻中迫使对手的进攻手脚脱节,得一分。脚斗士正式比赛为回合制,比赛时间为每局1分钟,共3局,局间休息1分钟,在三局比赛中,最先得到十五分即为获胜,是否有效的得分需要裁判员进行主观判断。不同运动项目群的运动成绩评定方法不同,导致其运动成绩评定的客观性也不同。而运动成绩评定的客观性不同,相应地比赛结果可控性也不同。运动成绩评定的客观性越低,其比赛结果可控性也越低。因此,该项目的比赛要求裁判员具备高尚的职业素质和业务水平,毕竟裁判的评判对运动员的运动成绩具有较大的影响。根据以上分析,参照制胜类的评分要求,我们发现,可用制胜类的评分办法评定脚斗士的运动成绩。

通过以上三种分类办法,确定脚斗士在赛事运动项目实践中的定位,明晰了脚斗士在各个类别中的特点。因此在脚斗士的赛事实践中,脚斗士是一项竞技能力为技能主导类格斗对抗性项群、动作结构为多元动作结构变异组合、运动成绩以致胜类为成绩评定方式的以单脚支撑跳跃,以手握非支撑脚小腿及以下部位,以非支撑脚的膝关节、大腿部、小腿部顶撞、挑压、弹推、套膝、摆膝等为攻击手段的体育运动赛事。

第三节　脚斗士的现代发展

脚斗士运动赛事始于2005年,脚斗士的基本运动形式来源于中国民间传统游戏,俗称"斗鸡""斗拐""撞拐",是广泛流行于青少年中的一项娱乐活动。北京德道传媒有限公司经过对这一传统民间游戏的研发改造,将其升级为一项竞技体育赛事,并形成了相应的管理机构与赛事运营机制。

一、脚斗士运动的现代发展历程

(一)脚斗士运动的研发阶段(2005—2006)

2005年4月,在福建省邵武市一中、四中、六中、邵武职业中专学校开展脚斗士项目试验,并成立"福建脚斗士竞赛规则及裁判法研究课题组"。同年6月,在北京成立《关于创立脚斗士运动项目的研究》科研课题研究组,组长由脚斗士项目创始人吴彦达先生担任,副组长为北京竞技体育学院院长、博士生导师刘大庆教授,成员有北京体育大学运动训练教研室主任、硕士生导师李少丹教授,河北师大体育学院副院长、博士生导师何玉秀教授,北京体育大学运动医学教研室主任、硕士生导师王正珍教授及若干名博士、硕士研究生。12月5日,《关于创立脚斗士运动项目的研究》科研课题研究组成员王乃茹、马宝玲对脚斗士运动的生理机能和运动防护进行了抽样调查,福建省邵武市数百名中学生参加了体质及素质测试。12月10日,北京体育大学李少丹教授赴福建邵武观摩了脚斗士实战演练,对脚斗士的运动规则及裁判法,按照国际化的竞技标准进行了修改和完善。12月30日,吴彦达先生完成《关于创立脚斗士运动项目的研究》报告。同年,吴彦达在北京投资成立德道集团,旗下拥有德道体育、德道传媒、德道广告和注册的国际脚斗士体育发展相关有限公司,集团由大批体育、传媒、管理、教育等方面专家、顾问和长期从事体育、传媒、投资等行业的管理人员、精通中国本土体育营销的行业精英以及有着丰富品牌推广经验的高级人才组成,是体育赛事结合传媒娱乐产业的全新运作模式的集团公司,是创始人吴彦达打造全球脚斗士运动生态圈的原创自主体育产业平台的公司。2006年3月,脚斗士的商标、版权完成登记注册,8月,全国脚斗士大赛推广委员会正式成立,12月,"2006年全国首届脚斗士大赛"总决赛在北京中央民族大学举行。这两年中,吴彦达不仅确立了脚斗士的研发体系:先后完成了《脚斗士对人体形态机能的影响》《脚斗士的运动伤害防护》《脚斗士竞赛规则》《脚斗士裁判法》《脚斗士专用护膝的外形及用材》《脚斗士礼仪》《脚斗士竞赛管理办法》《脚斗士教练员管理办法》《脚斗士裁判员管理办法》《脚斗士运动员管理办法》《全国高等院校脚斗士教材》《脚斗士比赛服装》《脚斗士比赛用鞋》《脚斗士竞赛专用电子显示屏》《脚斗士比赛台》《脚斗士纪念品》《脚斗士运动》《脚斗士技战术训练与提高》《脚斗士运动规则·裁判法·竞赛组织》等课题的研究。还成立了专门的全国脚斗士大赛推广委员会,以及具体的执行公司。并完成了商标和版权的注册登记,可以说2005年和2006年是脚斗士正式诞生的年份。

(二)脚斗士运动的推广阶段(2007—2019)

脚斗士的成长之路应当由脚斗士本身所带有的浓重的民族属性和体育属性所决定,与政府合作推广和体育院校培育推广是其发展的主要路径。

1. 在体育院校推广方面

在2019年中华脚斗娃全国推广战略研讨会中,全国运动训练竞赛联盟执行主席、武汉体院副校长张飚说明了脚斗士运动在全国体育院校推广的成果,"全国体育院校竞赛协作会和脚斗士经过十年的合作,共培养了40 000多名优秀运动员、60多名全国优秀裁判员、上百个全国脚斗冠军,形成了规范的规则体系、运动员训练体系、裁判员培训体系和教练员培养体系,使脚斗士运动从民间游戏完美蜕变为现代竞技体育!今后将运用全国运动训练竞赛联盟的科研优势、师资优势、优秀人才优势等资源共同推动脚斗士运动的发展,为民族体育在国际体坛拥有一席之地贡献力量"。总的来看,脚斗士项目目前在全国各地的推广,主要依托于各地的体育院校,对大中小学体育教师进行培训并举办多种形式的比赛。从2006年开始,组织全国500多所大中小学的2 000多名体育骨干教师参加了脚斗士教练员、裁判员的培训,负责举办培训的高校有:北京体育大学、武汉体育学院、上海体育学院、成都体育学院、西安体育学院、沈阳体育学院、广州体育学院、天津体育学院、山东体育学院、河北体育学院、首都体育学院、吉林体育学院、哈尔滨体育学院、南京体育学院、郑州大学体育学院、福建师范大学、内蒙古师范大学、集美大学。

　　从地域的分布看,除西藏自治区外,各省(市、区)均有覆盖。2007年6月16日,沈阳体育学院举办第一届脚斗士比赛,首次出现女子比赛项目。2008年4月19日,沈阳体育学院主办的"沈阳第二届脚斗士大赛"成功举行。2008年7月4日,红岁杯全国脚斗士邀请赛在沈阳体育学院隆重举行。2010年3月"脚斗士"作为新增项目正式亮相福建大学生运动会。2011年,台湾8所高校的教师在福建集美大学完成项目培训,2014年成立台湾脚斗士运动协会,开始在台湾的大中小学普及推广,从2012年开始,台湾连续八年派队参加在福建武夷山举办的海峡两岸脚斗士比赛。全国脚斗士精英赛,是目前国内最高水平的比赛,由各省(市、区)派队参加,通常由各省(市、区)体育院校组队参加,从2009年开始举办,每年一届,至今已举办十一届,承办过这一赛事的有:辽宁、山东、湖北、广东、天津、福建。2011年,与全国大学生体育协会合作,举办了首届全国大学生锦标赛,全国共有19所高校参加。

　　此外,各省(市、区)也组织不同形式的比赛。2010年3月,福建省教育厅召开的福建省大学生运动会筹备工作会议中明确指出,除去常设的田径、游泳、篮球等六大项体育运动外,"脚斗士"将作为新增项目正式亮相福建大学生运动会,其参赛对象为普通高校中的体育学院、系、科和体育职业技术学院。2015年福建省教育厅与福建电视台合作,举办了以"城市保卫战"为主题的全省俱乐部联赛,共有6支俱乐部队参加,其中大部分参赛对象为体育院校。辽宁省从2009年开始,连续举办三届全省高校赛。山西省于2014年首次举办全省大中小学比赛等。2019年8月,北京脚斗士协会成立,这是国内首个依法成立的脚斗士社团组织,9月与北京中小学体育运动协会联合成立推广中心,计划用三年时间,让脚斗士项目走进50%的中小学校园,让民族体育更好地传承下去。

　　2. 在与政府合作推广方面

　　脚斗士运动推广主要通过与中央政府和地方政府两个层面合作展开。

　　(1) 在与中央政府合作推广层面,主要通过与国家体育总局及中央电视台进行合作策划推广。2007年5月23日,由国家体育总局社会体育指导中心、中央电视台体育节目中心、北京德道传媒公司主办全国脚斗士大赛新闻发布会暨中日韩脚斗士争霸赛启动。2008年3月6日,全国脚斗士大赛推广委员会与中国广播电视协会正式签署了战略合作协议。双方就连续三年在国内百余个城市联合举办"全国城市脚斗士电视大赛"及商业运作事项达成一致。与中广协的牵手,让脚斗士运动能够迅速在全国推广和在城市普及。至此,脚斗士建立起与国家体育总局、中国广播电视协会、中央电视台等对口的国内权威的合作平台,为脚斗士项目推广的"腾飞"做好了准备。2008年4月14日,北京九华国际会展中心"2008全国城市脚斗士电视大赛启动仪式"正式奏响了脚斗士与政府传媒合作推广的序曲。2009年3月7日,《挑战脚斗王》开始在央视体育频道每周与观众见面。2011年9月3日,央视五套《中国脚斗场》节目改版,节目改变以往常规赛事风格,改版后的节目,趣味性强、参与性强、挑战性强,参赛的挑战者面向全国征集选手,前来挑战播主;节目首播当日,报名人数突破千人。

(2) 在与地方政府进行合作推广方面,脚斗士运动通过授予"脚斗士运动发源地""体育+旅游"等模式与地方政府合作。2009年武夷山全国脚斗士争霸赛暨"武夷山——脚斗士运动发源地"授牌仪式在武夷学院体育馆举行。全国政协常委、中国奥委会副主席张发强,福建省委常委、宣传部部长唐国忠,福建省人大常委会副主任郑道溪,武夷学院党委书记、南平市委统战部部长吴邦才,武夷学院院长杨江帆,中直、省直有关单位的领导出席比赛现场,并与在场的3 000多名观众、嘉宾、新闻界朋友及学院师生共同见证这一历史时刻。本次全国脚斗士精英赛由国家体育总局社体中心、南平市人民政府、武夷山市人民政府和全国脚斗士大赛推广委员会联合主办,北京南平商会协办。随着脚斗士"体育+旅游+文化"创意产业的不断发展,2012年,首届"武夷山·阿里山海峡两岸脚斗士大赛"在武夷山举行,赛事共有海峡两岸15支代表队的110名选手参加,其中台湾的代表队分别来自台北、台中、苗栗、彰化、新北、嘉义、高雄等地区。2010年,福建省将脚斗士列入全省大学生运动会比赛项目,2014年,列入福建省运会大学生组比赛项目。2019年,南平市体育局副局长郑小毅传达了南平市政府(2019)66号文件《关于研究南平市推进脚斗士运动项目工作的纪要》(以下简称《纪要》)精神。《纪要》明确,其一,在全市10个县(市、区)选取部分中小学校作为"中华脚斗娃"试点校,武夷山市选取 4 所中学和 4 所小学作为试点校,其他县(市、区)各选取 1 所中小学作为试点校,将脚斗士运动项目列入其校本课程,"中华脚斗娃"教材作为体育课校本课程。把脚斗士运动纳入各中小学校校运动会比赛项目,积极支持非试点学校组建脚斗士运动项目兴趣小组,在学生课外体育活动时间开展"中华脚斗娃"活动;积极支持武夷学院开展大学生脚斗士运动。其二,南平市体育局加大扶持力度,将每年在武夷山举办的"武夷山·阿里山海峡两岸脚斗士大赛"办成精品赛事,持续扩大影响力;在此基础上,每年举办一次市级的"中华脚斗娃"联赛。同时,将脚斗士运动列入南平市承办的 2022 年第十七届省运会大学生部竞赛项目以及群众体育比赛项目。其三,积极支持社会力量办赛,鼓励校外培训机构、协会等组织开展"中华脚斗娃"比赛。其四,各县(市、区)为助推中华脚斗娃项目在当地的落地发展拟定师资方案和进行赛事规划。

(三)脚斗士运动的市场阶段(2019 至今)

2019 年 2 月,北京脚斗士协会申请登记,由北京市民政局提交业务,主管单位北京市体育局批准通过。6 月北京市民政局下发了北京脚斗士协会成立工作告知单,8 月北京脚斗士协会成立大会暨第一次会员大会在北京昆泰嘉华大酒店召开。会议通过了各项议程,选举产生了第一届理事会、监事会成员,脚斗士项目创始人吴彦达当选会长。国家体育总局原副局长、中国奥委会副主席张发强,新华社体育部主任许基仁,北京市民政局、北京市教委体卫艺处等领导,业内专家,新华社、中新社、人民网、新浪网等媒体及社会机构代表等近 200 人参加了会议,共同见证民族原创体育发展的历史时刻。北京脚斗士协会的成立将加速提升民族体育的标准化和国际交流,协会今后将发挥人才培训、标准输出、等级认证、赛事平台等功能,积极为脚斗士运动的普及发展,为我国体育产业全面健康发展作出贡献,同时加强国际交流,向世界推广中华民族体育文化,让民族原创体育走向世界。

二、脚斗士运动的管理机制

脚斗士的组织机构主要由北京脚斗士协会、全国脚斗士大赛推广委员会、国际脚斗士联合会(IJA)、香港国际脚斗士联合会、台湾国际脚斗士协会组成。主要管理公司为德道集团,德道集团由德道体育、德道传媒、德道广告等组成。

(一) 北京脚斗士协会

在国内而言,北京脚斗士协会是管理脚斗士项目发展的最高管理机构。其组织架构主要由协会领导、监事理事、组织机构和专项委员会四部分构成。目前协会会长由吴彦达担任,常务副会长为张津铭,副会长何文义、袁方,秘书长吴林滨。理事会划分为监事长、监事、理事。协会理事具有对社团理事会的工作提出建议和批评的权利,选举和被选举为社团工作积极分子、优秀干事的权利等等。具有遵守本会章程,服从本会安排,完成社团理事会委托的工作的义务。也具有积极参加本会的活动和培训计划,加强对各社团的了解和沟通的义务。其中监事长为吴星、监事为彭强、程敏,理事为李燕明、李涛、骆达、张特、姚远、于梦琰。专项委员会依据脚斗士项目发展的需要总共分为8个专项委员会,分别为裁判员委员会、教练员委员会、运动员委员会、宣传委员会、青少年委员会、脚斗娃委员会、会员管理委员会、国际交流委员会。

(二) 全国脚斗士大赛推广委员会

在北京脚斗士协会未成立之前,为推进我国社会体育新项目,引导休闲体育的发展,丰富群众健身活动内容,国家体育总局社会体育指导中心在2006年的工作要求中,要求在管理好目前正式在全国开展的社会体育项目的同时,积极举办健身秧歌、健身路径、木球、大力士、合球、嗒嗒球、手指拉勾、脚斗士等多种项目的培训、比赛活动。2006年8月,由国家体育总局社会体育指导中心牵头组织,中央电视台体育节目中心(CCTV-5)、北京德道传媒有限公司联合成立的全国脚斗士大赛推广委员会,是国内脚斗士运动项目推广及组织全国各项比赛的实体管理机构。由国家体育总局社会体育指导中心及中央电视台体育节目中心负责人任主任,脚斗士运动项目创始人、北京德道传媒有限公司董事长吴彦达任执行主任兼秘书长。中国奥委会副主席张发强任名誉主席。这一机构是我国市场经济条件下新型的、自负盈亏的体育项目实体管理机构,拥有脚斗士运动赛事发展的决策权、经营权和收益权,与我国现有其他运动项目管理机构有着本质的区别。在这个机构中,国家体育总局社体中心只是对项目发展给予指导和政策方面的扶持;中央电视台体育频道是脚斗士运动的战略合作伙伴,在赛事播放资源极其丰富的现状下负有着发展民族体育产业的重任,给予脚斗士赛事节目优先播放权,为脚斗士在更大范围内传播搭建了平台;北京德道传媒有限公司是具有独立法人资格的民营企业,是脚斗士运动研发、推广的出资人,拥有脚斗士的商标和产权。全国脚斗士大赛推广委员会在脚斗士运动改革、发展、推广、普及和赛事组织等方面发挥了重要的组织领导功能,起到了良好的推动作用。

全国脚斗士大赛推广委员会下设裁判委员会、竞赛委员会、运动训练委员会。其成员均为全国各体育院校的专家和教授。其中,裁判委员会负责全国脚斗士裁判员的注册、培训和管理;竞赛委员会负责脚斗士竞赛规则的修订、赛事规程的制定及组织管理;运动训练委员会负责研究推广科学的脚斗士运动训练方法。总的来看,全国脚斗士大赛推广委员会当时作为全国的脚斗士运动的最高管理机构,其主要职能在于完成日后北京脚斗士协会的职能,即项目推广、组织培训、竞赛组织,其主要组织架构与北京脚斗士协会雷同,分设了理事会和专项委员会。尽管诸多职能被北京脚斗士协会所取代,然而因与国家体育总局社会体育中心及中央电视台体育节目中心所形成的良好推广架构,目前来看,依然是十分有效的,因而此组织得以保留。

(三) 德道集团

德道集团作为脚斗士运动项目市场化推广、商业运营的主要管理机构,是确保脚斗士运动在没有政府资助的前提下继续发展壮大的重要保障。与北京脚斗士协会所负责的项目推广、组织培训、竞赛组织不同,德道集团的项目推广、组织培训、竞赛组织等脚斗士运营带有明显的商业化运营特点。其脚斗士商业化运营的模式是通过建立一套规范运营的脚斗士职业联赛体系,建立多家脚斗士体育职业俱乐部,在全国乃至世界范围复制和推广,进而形成可以满足大众欣赏与消费需求的媒体传播赛事平台,形成联动推广的商业价值链条,成为电视和网络媒体的内容提供商、大众娱乐消费的内容提供商,从而通过票房收入和媒体广告分成收入获得商业利益。其整体脚斗士战略主要通过赛事平台、文创产业、教育培训三个方面进行推行,并且通过相互联结打造脚斗士的产业链。(见图1-2)

打造产业链确定了脚斗士运动的商业化发展方向,应当主要聚焦于赛事平台、文创产业以及教育培训方面。在具体的商业产品及收益方面,德道集团将脚斗士的产品类型及收益方式进行了更为明确的细分。在脚斗士产品

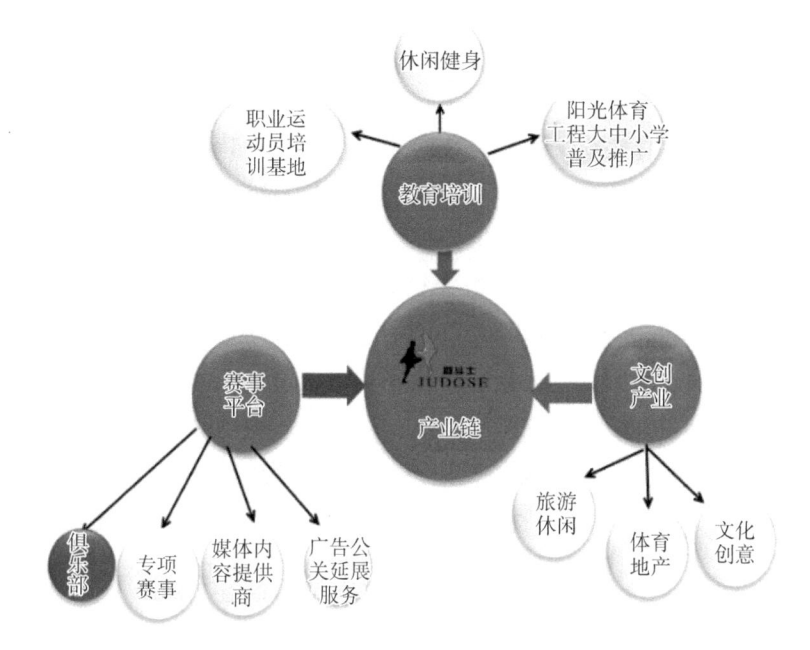

图 1-2　德道集团脚斗士商业化运营模式

方面分为：脚斗士知识产权、脚斗士赛事平台、脚斗士投资平台、脚斗士衍生产品。其中，脚斗士知识产权可以通过自主经营、合作运营和授权运营的形式来获取核心版权运营收益。脚斗士赛事平台可以通过发展升级联赛、国家级联赛、国际级联赛的三级赛事体系方式获取传统赛事收益。脚斗士投资平台可以通过德道体育、省级联赛和俱乐部共同入股投资的形式获取股权投资增长收益。脚斗士衍生产品可以通过发展运动经纪、商品开发、互联网社群及游戏开发获取互联网经济衍生产品收益。

三、脚斗士运动的赛事机制

脚斗士的赛事机制主要由赛事方式、赛事产品、培训体系、政府服务四方面构成。

（一）赛事方式

脚斗士赛事主要分为个人赛和团体赛两种基本形式。个人赛：脚斗士个人赛以红方和黑方为代表参赛队员。一场比赛由3局组成，每局1分钟，局间休息1分钟。比赛以计分方式判定胜负,任何一方先获得或超过15(或21)分,即获得全场比赛的胜利。3局比赛结束,双方均未得到15(或21)分,则判三局比赛中分值高者获胜;若比分相同,则判犯规次数少的一方获胜;若犯规次数相等,则判违规次数少的一方获胜;若违规次数相等,则判体重轻的一方获胜;若再相同,则以双方进行"突然死亡法"决出胜负,即在加时赛中,当一方进攻得分时,比赛立即宣布结束,得分一方获得胜利。团体赛:创始人吴彦达及研发团队创新地将田忌赛马、象棋元素、军事中的排兵布阵理念融入团体赛中,由红、黑双方各5名队员(车、马、炮、象、将)组成,男子团体总体重限制为385千克(女子为310千克),由教练员指派上场队员。在一对一的对抗中,以一局90秒(不限分值)的比赛方法进行比赛,每场比赛到一方的"将"被击败为止,最终按照比分累计的方法判定全场比赛的胜负。若总比分相同,则判有剩余队员的一方为获胜方;若一方队员全败,但总比分领先,则双方进行"突然死亡法"决出胜负。

(二) 赛事产品

脚斗士赛事产品总共分为三类:1. 常规赛事:海峡两岸比赛(自2012年起每年一届)、全国脚斗士精英赛(自2009年起每年一届)。2. 群众推广定制赛事:全民普及型赛事——"劳动者杯"城市脚斗王挑战赛、脚斗女神挑战赛、国际赛事——"金砖五国"城市脚斗王挑战赛、"东盟十国"世界脚斗王大赛、"一带一路"城市脚斗王挑战、校园脚斗士比赛——校园城市保卫战;中国大学生脚斗士锦标赛、全国大、中学生运动会脚斗士比赛、青少年培训赛、中华脚斗娃趣斗赛。3. 三级俱乐部联赛:省级俱乐部联赛、国家级俱乐部联赛、世界级俱乐部联赛。

(三) 培训体系

脚斗士培训体系主要分为三个部分,分别为基地教练员、运动员、裁判员培训,成人高阶培训,青少年趣味培训。1. 基地教练员、运动员、裁判员培训。(1) 教练员系统培训:自2006年脚斗士分别在北京、上海、广州、福建等16地举办了近百期脚斗士教练员培训班,500余所高校的骨干教师参加了培训。除西藏自治区、香港特别行政区、澳门特别行政区、台湾地区外,全国各地的高校均积极开展了脚斗士训练。(2) 裁判员系统培训:2006年以来总共组织了50余期"全国脚斗士裁判员培训班"(省级、国家级、国际级三个等级),全国16所重点高校的骨干教师参加了培训。(3)训练基地建设:自2005年6月起,先后在西安、石家庄、福州、天津建立了16个脚斗士训练基地,共进行了上万场比赛。2. 成人高阶培训。成人高阶培训是为社会需求服务的,脚斗士在创立时即陆续推出了针对成人的专业培训课程,适应社会发展的需求。现山西省已将脚斗士项目作为体育艺术特长生加分项目。3. 青少年趣味培训。孩子的性格是他们将来的成长中至关重要的决定性因素,而体育活动无疑对培养孩子的阳光性格起着举足轻重的作用。"中华脚斗娃"遵循"勇于担当、永不放弃"的理念,确立了"低龄化、趣味化、健康化"的办学目标,把"塑造孩子体格、人格、品格"落实在管理中、课程中、课堂中。

(四) 政府服务

政府服务是脚斗士赛事中比较重要的一环,一方面有助于进一步加强脚斗士推广与政府之间的合作,另一方面有助于探索脚斗士推动城市经济全面发展的新模式。在政府服务方面,脚斗士的赛事模式主要包括:脚斗士+特色小镇、脚斗士+音乐、政府购买脚斗士公共服务、脚斗士+旅游+文化。1. 脚斗士+特色小镇。在"全民健身"的大背景下,体育运动逐渐常态化、休闲化、全民化,体育产业上升成了健康产业的一股中坚力量,旅游、文化、养生、互联网等元素的不断聚集及融入,与城镇发展结合,形成了体育产业的新业态——体育特色小镇。脚斗士率先于2009年在福建武夷山市借"脚斗士"之力,推进美丽乡村和小城镇建设,发展城镇产业融合,特色小镇日臻完善。2. 脚斗士+音乐模式。体育完全不是一项简单粗暴的运动,当体育与音乐巧妙的结合之后,就会带来新的变化。并且从古至今已经有许许多多的体育运动和音乐相结合,给人们带来新的感受。脚斗士已与知名音乐机构达成战略合作伙伴关系,共同打造"体育+音乐"的新型模式。3. 政府购买脚斗士公共服务。自2012年起,武夷山每年一届的"阿里山·武夷山海峡两岸脚斗士大赛"吸引了众多国内外体育爱好者前来参赛,现今该项赛事已跳出武夷山,闻名全省,走向全国,使广大游客实现了由观赏型向参与型、体验型转变,丰富了体育产业文化内涵,具有广阔的发展前景。2017年脚斗士更与武夷山市政府首次采取政府采购公共体育方式签订了三年战略合作协议。这是促进政府职能转变和服务性政府建设的一项有益探索和尝试,实现了多赢,以后还会向更多、更广的领域拓展。4. 脚斗士＋旅游＋文化。以"体育＋旅游＋文化"创新模式推动城市经济全面发展,为城市建立脚斗士俱乐部联赛体系、教育培训体系(如教练员培训、成人高阶培训、青少年兴趣培训等)、衍生产业体系(如网络剧、影视动漫、运动装备、运动服装、运动场馆、特色小镇、手游网游、音乐、纪念品、特许产品等)、版权、运动员经纪等,打造可持续发展的产业体系。

四、脚斗士运动今后发展的方向

(一) 以学校为重点,加快推广普及

众所周知,日本的柔道,韩国的跆拳道,是通过学校作为主要渠道向青少年推广的,得到人们的喜爱,并具有了一定的国际影响后才被国际奥委会认同。民族传统体育经过梳理、修改,使其进入学校体育教学中,不仅丰富了学校体育,也为发展和推广民族传统体育运动提供了理想的空间。随着我国《全民健身计划纲要》(全民健身计划要求"以全国人民为实施对象,以青少年和儿童为重点")和《中小学开展弘扬和培育民族精神教育实施纲要》的全面实施,以及我国大中小学在校学生人数之多(约有2.5亿人,占我国青少年的72%)且相对集中等特点,都将为民族传统体育的推广普及提供很好的平台。脚斗士运动这项悠久的民族文化运动走进学校不仅可以起到培养学生的民族自豪感,珍视和继承民族文化遗产的特殊教育作用,而且可以依托学校来普及推广脚斗士运动,达到全民健身教育的目的,同时也能更好地促进脚斗士运动在全民中的普及和发展。

脚斗士运动得到国家体育总局的认可后,成立了全国脚斗士大赛推广委员会,推广委员会于2006年6月至7月,共在全国举办了两期培训班,共有99所高校的体育骨干教师参加了培训,从各校反馈情况看,此项运动深受大学生喜爱,各高校已采取不同形式进行推广,广州大学、河北师范大学、西安体育学院等高校,已将此项运动列入大学生选修课程,沈阳体育学院、成都体育学院等高校,则在校内成立脚斗士俱乐部,北京体育大学等高校,则尝试开展女子脚斗士运动以及多种形式的校园比赛,脚斗士在学校推广初期已显示其强大的生命力。脚斗士运动全面进入学校,走进大中小学,融于日渐完善的教育体系之中,是脚斗士走向规范化、科学化、普及化的必由之路。

（二）以竞赛为杠杆,努力提高竞技水平

促进脚斗士运动发展,竞赛是运动项目发展的杠杆,运用好这个杠杆,可以调动各方面的积极性,促进运动项目的发展。脚斗士运动竞赛是脚斗士运动赖以生存和发展的土壤,也是检验竞技水平的标尺。在举行脚斗士运动比赛时,脚斗士运动竞赛形式应多样化,以提高竞赛的观赏性。如设置儿童组、青少年组、男子组、女子组等,从而使脚斗士运动的竞赛活动与社会活动协调发展。

（三）以社会力量为依托,积极开拓国内外市场

以俱乐部形式来发展脚斗士运动竞赛市场是竞赛发展的战略重点。通过提高竞赛水平来推动竞赛市场的开发,充分利用市场规律来促进脚斗士竞赛形式的多样化和资金来源的社会化,只有面向市场,依托社会力量,运动竞赛才会拥有无限的生机和活力,才能在市场经济条件下具有持续发展的能力。对脚斗士竞赛进行商业化包装,建立、健全竞赛法规,依法规范市场,保证公平、公正的竞争。这样,可以大大调动广大群众积极参与,有利于促进脚斗士运动的健康发展。

（四）以国际化为目标,广泛开展国际交流

"任何项目从产生到发展成一个世界性的体育项目都有这么一个过程:产生—发展(拥有群众)—流行一段时间—产生一定的影响—世界项目—进入奥运会"。多年的改革开放给中国带来了政治稳定、经济繁荣和社会发展的新局面,为中国民族体育与世界体育运动的全面交流与融合提供了前所未有的良好条件。随着我国四年一度的民运会的召开,民族传统体育开始具有大众体育和竞技体育的双重内涵。民族传统体育正在追求一种科学的发展模式,武术、龙舟等部分民族传统体育项目已经融入世界体育的范畴。从我国目前经常开展的160个民族体育项目来看,大都有了自己的国际组织。脚斗士运动,是中华民族历史悠久的运动形式,自从2005年开展以来,很快就得到国际上的响应,如"韩国一所著名大学的体育学教授则表示,在韩国,这项运动并不陌生,尽管韩国没有先于中国将这项运动纳入规范的体育项目之中,但他们的运动实力并不比中国差,韩国将在2007年通过国内著名大学的

海选,组建脚斗士队,并将邀请中国的脚斗士代表队到韩国参加中韩脚斗士对抗赛。""2007年开始,美国、韩国、新加坡、日本等国家的运动机构将组织选手参加正规培训,同时与中国脚斗士代表队进行对抗赛""脚斗士在美国、日本、韩国、欧盟等几十个国家和地区,以及中国的港台地区都进行了商标注册与知识产权保护,从而成为一个源于中国本土,能够走向世界的国际体育赛事"。可见,脚斗士运动在继续保持民族特色的同时,国际化已初见端倪。

脚斗士运动从产生以来经历了研发阶段、推广阶段和市场阶段,已形成相应的管理机构和运营机制。为进一步弘扬中华民族体育,打造国际品牌赛事,今后应明确:以学校为重点,加快推广普及;以竞赛为杠杆,努力提高竞技水平;以社会力量为依托,积极开拓国内外市场;以国际化为目标,广泛开展国际交流的发展思路。

第四节　脚斗士的特点与价值

脚斗士运动从产生伊始经历了"自由发展期"和"规范发展期",逐步形成具有普及性、安全性、对抗性、健身性、娱乐性、传统性、现代性和产权保护性等多种特征,在其发展过程中,通过不断与社会政治、经济、文化、教育等相互作用、相互融合,也形成了满足个体需要和社会需要的价值与功能。

一、脚斗士运动的特点

(一) 普及性

普及与提高的关系问题在我国体育界,从理论到实践,并不是一个彻底解决了的问题,至少目前在民族传统体育界是如此。我们知道,作为一个体育项目,开展的好坏主要从两个方面来评价:一是竞技水平,二是普及情况。普及是竞技的前提和基础,普及是人们对健康的需求,也是该项目可持续发展的前提和基础。脚斗士运动来源于中国民间传统游戏,这一游戏,曾被评为"中国儿童十大经典游戏"之一,因其对抗性强,运动不受场地、人数、器具等限制,在我国青少年群体中相当普及,也极易吸引青少年群体主动参与。

在中国、亚洲乃至全世界的许多地方,人们都有年少时参与这个游戏的经历。

从 2005 年 11 月开始试点比赛以来,"在 2006 年全国首届脚斗士大赛上就有来自西北、华北、东北、华东、华南和西南六大赛区的 30 多个省、直辖市、自治区的近万名选手、50 多个代表队参与。同时有新华社、人民日报、中央电视台、中央人民广播电台、中新社、经济日报、科技日报、光明日报等几十家知名媒体参与报道"。作为一个新兴的体育项目,能在如此短的时间内获得官方的认可及吸引众多媒体和参与者,这是其他民族项目望尘莫及的。可见其具有广泛的群众基础和较高的普及程度,在推广初期脚斗士项目已显现出强大生命力。

(二) 安全性

古罗马的角斗场上,斯巴达克式的英雄们为胜利付出了生命与血的代价;现代的拳击场上,生命的危机同样存在于股掌之间。搏击性的运动有史以来就与运动员的生死存亡相提并论,然而这类运动始终闪耀着英雄的光芒,无数人在搏击的过程中享受着力与美的表达,同时也在残酷的较量中承受痛苦。

脚斗士运动,作为一项新的搏击类项目,传承了传统搏击类项目的搏击特点,但同时避免了传统搏击类项目对运动员身体的伤害。脚斗士运动基本技术动作包括上跳、下压、击打和挤靠等,危险性技术动作少;比赛中要求运动员配戴了护膝、护臂,比赛场地选在木质地板上,规则中还明确规定:不允许利用手,包括手臂、肘关节等部位作为攻击武器,不能从背后进攻等。同时,按体重分级别进行比赛。这些都有效地保证了运动员的安全,大量的研究调查也显示了脚斗士运动的安全性。例如:"在对福建省四所中学近千名的中学生的调查中,无一例中度或中度以上损伤发生,只有轻度的皮肤擦伤和撞击伤";在"翼形护膝"投入使用后,"2006 年全国首届脚斗士大赛中未发生一例受伤事故"。

(三) 对抗性

受我国传统"礼乐观"和"嬉戏观"的影响,我国许多民族传统体育项目缺乏对抗性。脚斗士运动具有较强的对抗性,脚斗士运动要求参与者搬起一只脚,以另一只脚为支撑,一边保持着身体的平衡,一边跃动起来和对手进行搏击,具有搏击类项目以身体为进攻目标的身体直接对抗的特征,同时,脚斗士比赛分为个人赛和团体赛。个人赛采用七局四胜制或五局三胜制,每局一分钟,在抽签决定攻擂方和守擂方后,要求攻擂方需在一分钟内将守擂方打败,否则视为失败。这样的攻守机制有效防止了其他"技能类格斗对抗项目"比赛中运动员的消极对抗的缺点,因此,无论在比赛时间还是强度上都加大了比赛的身体对抗的激烈程度。

(四)传统性

从民族传统体育的历史演化来看,传统性决定了民族传统体育项目所具有的生命力,但一直以来,我们总是不自觉地试图从西方竞技体育中撷取现成的模式,来改造中华民族传统体育,如用体操的评分规则来构建武术的评分体系,不免有过分地抛弃原有传统之嫌。脚斗士运动可追溯到5000年前的炎黄时代的"蚩尤戏",这一民间游戏经过种种变革,或扬弃或丰富,始终保留着基本运动形式和蕴涵着传统色彩。

从2005年4月开始,国内相关体育专家开展了一系列以现代竞技体育的模式,来改造提升这一民间的游戏的研究,但他们没有忽略脚斗士这一传统体育所应体现的中国古代文化内涵。如:在竞赛的设计中,把竞赛分个人赛和团体赛,创造性地导入攻守理念,比赛前由双方队员猜拳定出第一局攻守方。团体赛中,将中国古代战争思想融入进去,借鉴了中国象棋的排兵布阵法,创设了"复式进攻"模式,整个比赛分为兵卒对抗赛、兵卒挑战将帅赛和将帅对抗赛。在战术上可运用如"田忌赛马"的对阵方法,使比赛悬念不断,妙趣横生。在道具颜色选择上,以红色作为该运动的主色调,红色的背景板,红色的擂台、红色的赛服、红色的宣传片、红色的宣传册等,红色是我国文化中的崇尚色,象征吉祥之意。另外,每当脚斗士比赛开始的时候,参赛选手之间要进行友好的礼节交流,就如同拳击比赛的碰拳礼和跆拳道里面的鞠躬礼,而脚斗士比赛的礼仪表达方式为促膝,简称促膝礼,促膝礼是在脚斗士基本站立姿势的情况下,以非支撑脚的膝盖与对方的膝盖轻碰一下,以这样的方式来进行礼节的交流,向对手致敬,表现出友谊第一,比赛第二的优秀品质,也意味着对对手的尊重。可见,脚斗士运动是一个源于博大精深的中华文化并融入古代战争思想的现代竞技体育项目,乃是民族传统体育文化的原创升华。

（五）现代性

民间的"斗鸡""斗拐""撞拐"游戏与现代的"脚斗士"运动的差异，实际也就是传统体育与现代体育的差异。我们常说的传统体育一般指以农业经济为基础的体育，现代体育则指以工业经济为基础的体育。从文化形态学的角度看，以农业经济为基础的传统体育和以工业经济为基础的现代体育是前后相继的，或者说其发展是一个历史递进的过程。也就是说，现代体育由传统体育发展而来，较传统体育更为成熟和完善。传统体育体现出较强的民族性、地域性、娱乐性、季节性特征，缺乏竞技性、规范性和精确性的特点，而现代体育则突破了民族性、地域性和季节性的局限，具有鲜明的竞技性、规范性和精确性特点，并有较完备的制度保障体系。

脚斗士运动为了适应社会发展的需要，制定了规范的竞赛规则和精确的技术体系，同时，面向市场，按照市场规律和人民大众的需求进行系列赛事改革。脚斗士运动已突破了民间的"斗鸡""斗拐""撞拐"游戏缺乏竞技性、规范性和精确性的缺点，具有鲜明的现代体育时代特征，如现代化的灯光、音响、音乐和舞美设计，比赛现场主持人的解说，运动员的服装、发型等。

（六）健身性

发展体能，增进健康，是民族传统体育项目最基本的功能。脚斗士运动是以身体活动的方式进行的，要求人体直接参与运动，在愉悦身心中承受一定的生理负荷。比赛规则和技术动作也使得其与传统的以直接击打对方的头部、颈部和上身要害部位，将对方打倒、打昏、丧失对打能力达到取胜目的的搏击项目相比，对参与者的身体伤害大大减小。

有关专家对脚斗士运动员进行了两分钟单腿跳和台阶测验，利用心率遥测仪测安静状态下的心率和运动时的即刻心率、用水银式血压计测安静状态下的血压、用电子肺活量仪测肺活量，以及在训练或比赛时对运动员进行心率测试，结果显示："心率大多都保持在170～180次/分的范围内，相当于70%～85% VO_2max，属于次大强度运动，对于青少年来说，这是一个安全的运动强度范围，不会对心肺等机能带来不良影响"。同时，研究还发现，"脚斗士运动能有效地增强人体腿部肌肉的爆发力、耐力，增强髋关节、膝关节、踝关节的灵活性；能提高心肺功能耐力和动态平衡能力；能促进人的神经兴奋，增强神经传导冲动"。可见,脚斗士运动是一项锻炼健身价值较高的民族体育项目。

(七) 娱乐性

体育的娱乐性包括自娱性和娱他性,使运动者和观赏者都能通过体育运动来娱乐身心、调节情感、陶冶情操,以满足人们的精神文化需要。而适应这种精神需要和娱乐体验的身体运动是不同地域人们的心理需求,中国民间的体育项目很多都是人们在自娱自乐的时候发明出来的。与竞技体育更多靠证明谁比谁强来达到让旁观者娱乐的目的相比,脚斗士运动在运动形式、比赛形式和比赛规则等方面,使得每个参与者都享受到运动的快乐,让每个参与者在得到快乐的同时,锻炼了身体,也使旁观者感受到娱乐的气氛。

(八) 知识产权保护性

优秀传统民族体育项目深植于中华民族光辉灿烂的文化之中,每个活动无不浸透着文化的烙印,《埃斯特角宣言》第 8 条说明民族传统体育项目具有文化遗产性。我国少林寺和太极拳准备申报联合国教科文组织设立的"人类口头和非物质遗产"项目。张厚福同志根据我国民族传统体育的发展现实深入研究认为:"传统体育项目具有民族独有性、遗产性、技艺性、强身健体性和大众性,是民间艺术作品,应当受到知识产权的保护。"我国体育知识产权保护尚是一个软肋,即使有对体育知识产权进行保护的途径,往往也只局限于保护体育产品品牌,防止假冒伪劣等,对体育竞技项目特别是民族竞技运动进行开发并进行知识产权保护的意识还很薄弱。我们要努力提高自主创新能力,拥有自己的知名品牌和自主知识产权。

脚斗士竞赛创立伊始,北京德道传媒有限公司就很注重知识产权的保护。现已将有关脚斗士的课题研究成果进行了版权保护,并对脚斗士的商标进行了注册,使脚斗士成为中国第一个拥有自主知识产权保护的体育赛事。与此同时,北京德道传媒有限公司还在美国、日本、韩国、泰国、法国、德国等十几个国家和中国港台地区等对脚斗士进行了商标注册与知识产权保护,以使脚斗士在今后推广时,能成为一个源于中国本土的国际赛事。脚斗士作为我国第一个拥有自主知识产权的体育项目,在体育知识产权保护方面开了先河,在进一步弘扬民族体育、促进体育运动创新、增强体育知识产权保护意识等方面具有重要的启示,也是我国体育项目的一次有益尝试和探索。

二、脚斗士运动的价值

(一) 精神价值

脚斗士运动的精神价值主要体现在两个方面:(1) 有助于培养勇于挑战、坚韧不拔的意志。脚斗士运动是身体直接对抗的搏击类体育项目,它以对抗搏击为核心,以强身健体为基础,以锻炼意志为目的,以锤炼练习者优秀品质并服务于社会为终级目标。脚斗士运动倡导"敢于挑战对手、敢于挑战自我"的精神。在训练和比赛中,要克服无氧呼吸带给机体的不适应感,要勇于战胜对手,唯有凭借不屈不挠、坚韧顽强的意志,才能不断战胜自身的软弱,达到超越对手、超越自我的境界。所以,从事脚斗士运动,可以培养吃苦耐劳的意志、坚忍不拔的精神以及刚毅、正直、果断的品质。(2) 有助于发扬中华体育精神、激发民族情感、涵养民族精神。中华体育精神蕴含于中华优秀传统文化之中,是中华优秀传统文化本质的体现。中华体育精神作为中华优秀传统体育文化中最为深层的部分,是民族精神和体育精神的结晶,是中国体育文化的核心与灵魂。党和政府多次强调,要弘扬中华体育精神,弘扬体育道德风尚,使体育为社会释放正能量,为中华民族伟大复兴凝聚精神力量。可见,中华体育精神不仅是民族精神在体育中的生动体现,更因其独特的精神特质而具有了强大的增强民族凝聚力和向心力的作用。脚斗士运动作为一项从中华优秀传统体育中发展出来的体育运动项目,在中华优秀传统文化传承,中华体育精神发扬传承方面具有重要作用,从而实现以体育的荣誉精神展现国威,以体育的拼搏精神激励民强,以体育的团结精神凝聚民心。

(二) 健身价值

脚斗士是一项体育运动,通过学习和练习,能够发展人的力量、速度、耐力、柔韧性和灵敏度。在进行《脚斗士对人体形态机能的影响》课题研究时,专家组对运动员进行了两分钟单腿跳和台阶测验,利用心率遥测仪测安静状态下的心率和运动时的即刻心率;用水银式血压计测安静状态下的血压;用电子肺活量仪测肺活量。根据运动员在训练或比赛时教练对其进行心率测试的数据,在进行脚斗士运动时运动员的心率大多都保持在170~180次/分,

相当于 $70\% \sim 85\% \mathrm{VO_2 max}$,属于次大强度运动。对于青少年来说,这是一个既安全又有良好运动健身效益的运动强度。

研究发现,目前脚斗士训练对于运动系统、心血管系统、呼吸系统等方面都有显著的增益效果,长期进行脚斗士训练能够提高大脑皮层运动中枢神经过程灵活性及各神经中枢间协调性,可使人体肌肉中线粒体数量增多、体积增大,肌质网增多、脂肪减少;使参加完成动作的肌群与放松的对抗肌协调配合;使肌肉收缩能力提高,使关节的活动幅度掌握自如;能有效地增强人体腿部肌肉的爆发力、力量、耐力,增强髋关节、膝关节、踝关节的灵活性;并利用放松的惯性力,使关节的柔韧达到最大限度。长期进行脚斗士训练可以使大学生的心血管系统得到明显的改善,如心率(HR)、收缩压(SBP)、舒张压(DBP)等有显著改善。脚斗士训练能够有效改善大学生的呼吸系统,经过脚斗士训练的实验组和未经过脚斗士训练的对照组相比,肺活量(VC)、呼吸频率(RESP)等指标差异性显著。用力肺活量(FVC)虽然无显著变化,但有所提高。因此,脚斗士运动具有较高的健身价值。

(三) 经济价值

脚斗士项目拥有较为完善的管理模式、媒体宣传模式、赛事模式、人才培养模式、融资模式。同时经过近 20 年的发展,脚斗士赛事已形成多层级的体系,拥有一定的赛事影响力,知名度和美誉度不断提高,产生了显著的"赛事效应"。最后在脚斗士产业方面,脚斗士产业化已具备市场经济体制发展条件,在发展中具备庞大的潜在消费主体,拥有相对完善的生产服务管理组织体系。上述特点使得脚斗士项目具备了一定的释放经济价值的基础。目前脚斗士可通过采取以下路径进一步释放其经济价值。

(1) 走职业化道路,实现群众消费需求对接。通过重点把产品(服务)放在赛事的开发上,建立以脚斗士俱乐部职业联赛为主要形式的赛事制度。通过省际的职业联赛,打造脚斗士职业化品牌,提高区域内的赛事关注度,实现脚斗士赛事产业与全国群众消费需求的对接。(2) 建立"协会+公司+俱乐部"脚斗士运营管理体系。通过构建俱乐部制营销模式,形成一个宏观的管理体系,即以各个俱乐部为运营载体,各俱乐部间在相互合作、共同协商的基础上,成立了董事会。进行公司化经营,专职于竞技比赛的组织与管理和产业化经营,处理和协调各俱乐部间的事务。此举将进一步提高脚斗士产业化运作,充分利用市场进一步释放经济价值。(3)创造政府、媒体、社会团体多元化的支持环境。脚斗士是中国唯一拥有自主知识产权的民族体育项目,是未来中国民族体育产业走向世界、提高民族体育品牌效应的成功典范,应加大对脚斗士运动项目的支持力度。首先,政府的支持是脚斗士产业化发展的重要保障。政府在规章制度的制定上要充分考虑脚斗士产业化的发展,以有利于搞活市场为主,增强脚斗士产业运营主体的积极性。其次,媒体支持是宣传脚斗士价值、提高品牌知名度的重要手段,是加快脚斗士产业化进程的重要途径。最后,社会团体支持脚斗士运动,鼓励社会团体将脚斗士运动纳入内部进行开展活动,以此宣传脚斗士、支持产业化发展,释放其经济价值。

(四)文化价值

作为一项中华民族自主文化产权的运动项目,脚斗士的发展与我国的传统文化紧密融合,一直坚信"民族的才是世界的"这一理念,在发展的同时诠释着我国的传统文化。作为一种民族传统体育,首先,脚斗士的文化价值主要在于彰显民族特色,传承民族信仰。其次,脚斗士的文化价值还体现为具有凝聚人心、维护民族团结的作用。再次,脚斗士的文化价值也表现在它的休闲娱乐功能方面。脚斗士运动不仅具有一般的生产劳动所不具有的强筋壮骨的作用,而且还具有增强意志、调适感情的功效,可培养参与者勇敢顽强、坚韧不拔、超越自我的意志和品质,起到"文明其精神,野蛮其体魄"的作用。最后,脚斗士具有增加情趣、娱乐生活的功效,从而使居民愉悦了精神,丰富了情感,恢复了体力,得到了欢乐,发挥出巨大的休闲娱乐功能。

脚斗士浸染于中华五千年的文化传统,根源于历史,创新于现在,着眼于未来,延续历史、开拓进取,在传承传统文化的同时创新了形式、延伸了内涵,并通过国际赛事的组织,将我国民族体育推向世界舞台,向世人传播着中国深邃而博大的文化内涵。在这个提倡与时俱进、鼓励自主创新的时代,脚斗士在传承中国传统文化的基础上,进行了紧跟时代步伐的二次创新,不断延展着传统文化的内涵。

(五)教育价值

脚斗士运动项目的运行团队在研发之初就将目标群体定位于校园,特别是体育类的高等院校中的学生群体。这一出发点不仅使脚斗士运动的参与人群基数飞速提升，而且高校学生无论在理解力还是活跃程度方面都是参与脚斗士运动项目的最佳群体，因此脚斗士运动立足于校园，服务于学生，让学生通过脚斗士项目的学习和比赛理解体育的拼搏精神并提高自身的身体素质。脚斗士的校园性的基础在于目前已经有很多学校将脚斗士运动列入本学校的教材成为一门专门的课程，这是短短发展几年的脚斗士项目得到认可的直接表现。学生们通过脚斗士运动的锻炼成为优秀的运动员的同时也扩展了将来的就业途径，而且脚斗士的"永争第一，坚忍不拔"的精神内涵也对正值青春的未来栋梁们的意志品质有很好的培育作用。同时脚斗士运动项目还可以通过以下方式进一步体现其教育价值。

（1）脚斗士运动丰富学校体育教学资源。脚斗士项目融入学校体育教学传承活动，对于进一步扩充体育课堂教学内容，补充、丰富和发展学校体育课程资源，适应当前学校体育教学改革与创新，弘扬民族传统优秀文化，推进素质教育等具有积极的现实意义。（2）脚斗士运动提高学校体育竞技性和趣味性。独具特色的脚斗士运动项目突出了竞技性的特点，经过多年的发展历程，其已经具备较为完善的比赛规则，适宜在校园内进行普及推广，可成为学校体育课堂教学竞赛或者是常规性开展体育比赛活动的项目。在学校体育教学中开展脚斗士运动竞赛活动，既可以开拓学生的视野，满足现代学生多元文化学习的需求，也可以培养学生的体育兴趣与爱好，为塑造学生的终身体育爱好奠定基础。（3）脚斗士运动提升学校体育的审美。脚斗士运动需要参与者全身配合协调进行，其特有的运动形式显示了传统体育的美，它给学生带来的审美价值是多方面的，有很高的欣赏、参与价值。具体而言，脚斗士既能满足人们视觉、听觉、触觉等审美感官的审美需要，又能起到增加知识、传播文化、锻炼意志、陶冶性情等方面的作用。其所呈现出的艺术性和表演性，充分体现了脚斗士项目悠久灿烂的民族文化特质，一定程度上提升了学校体育的审美价值。

脚斗士运动是中国古代起源较早的一种徒手对抗性体育项目，也是我国流传广泛的一项传统竞技运动，在其发展中已逐步形成具有普及性、安全性、对抗性、健身性、娱乐性、传统性、现代性和知识产权保护性等比较优势和精神、健身、经济、文化和教育等价值。

第二章
脚斗士基本技战术

运动技术是指符合人体运动科学原理、能充分发挥身体潜在能力、有效地完成动作的合理方式,任何一个运动项目都有符合其项目特点的运动技术。由于现代科学技术在体育领域中的广泛应用,以及体育器材设置的现代化,运动技术也在不断完善。脚斗士运动在我国民间"斗鸡""撞拐"游戏的基础上,经过研发改造,已形成自身进攻技术、防守技术等发展系列。

第一节 脚斗士的实战姿势

基本姿势,通常也称实战姿势或格斗姿势,是脚斗士比赛和搏斗前所采用的临战动作姿势。它的好坏直接影响到进攻与防守的有效程度,因此初学者必须掌握好规范的基本姿势,以便于为进一步学习脚斗士基本技术打好坚实的基础。脚斗士的基本姿势一般分为"右攻守势"和"左攻守势"两种,练习者可以根据自己的习惯、爱好和实战需要选择适合自己的姿势。下面示范均以右腿攻防的"右攻守势"为例。

一、基本动作要领

首先立正站好,右腿弯曲体前抬起,与左支撑腿成交叉状态,左手握住右腿小腿及以下部位,右手握住膝关节以下部位(正握右攻守势见图2-1),或右手握住膝关节以上部位或置于体侧(侧握右攻守势见图2-2),上体正立,含胸、收腹、敛臀,下颌微收,目视前方。此时,支撑腿应稍微弯曲,不可过直或弯曲过大,否则不利于身体平衡的控制。保持高度警觉,两眼有神,给对手以威慑力。

图 2-1    图 2-2

图 2-1 和图 2-2 介绍的是右攻守势，左攻守势与之相反。脚斗士的基本姿势的区分是看弯曲腿，右腿弯曲时，为"右攻守势"，左腿弯曲时，为"左攻守势"。"左攻守势"也分为正握左攻守势（图 2-3）和侧握左攻守势（图 2-4）。

图 2-3    图 2-4

二、动作练习方法

1. 严格按照动作要领，体会各环节的动作规格。
2. 对着镜子自检或在同伴的帮助下规范动作。
3. 结合移动步法进行练习。

三、易犯错误与纠正方法

（一）易犯错误

1. 姿势呆板、僵硬、不自然。

2. 重心偏前或偏后,身体易失去平衡。

(二)纠正方法

1. 严格按照动作规格,对镜自我检查或同伴帮助纠正。
2. 根据专家提示,结合实践练习,体会动作要领。

第二节　脚斗士的脚步技术

脚斗士运动的移动步法是根据攻防的需要,调整与对手之间的距离,实施进攻与防守的动作。通过步法的移动,不仅可以保持运动中身体的平衡和控制敌我双方的有效距离,而且还对实施进攻以及防守反击起到桥梁的作用。认真学习和演练步法技术,是提高实战能力的重要环节之一。脚斗士运动的移动步法按照实战和练习的需要分为调节步和跳跃步。

一、脚斗士调节步要领与方法

(一)前移步方法与练习

1. 动作要领

从基本姿势开始(以右攻守势为例,下同),左前脚掌向后蹬地,同时上体前倾,落地时由前脚掌过渡到脚后跟,目视前方(图2-5、图2-6、图2-7)。前移步的步幅不宜过大,支撑腿落地后身体保持姿势不变。

图2-5 　　　　图2-6 　　　　图2-7

2. 练习方法

（1）严格按照动作要领，体会各环节的动作规格。

（2）结合声音或手势的信号进行练习。

3. 易犯错误

（1）上体过分前倾。

（2）姿势僵硬，重心不稳。

4. 纠正方法

（1）严格按照动作规格，同伴帮助纠正。

（2）根据教练提示，结合实践练习，体会动作要领。

（二）后移步方法与练习

1. 动作要领

从基本姿势开始，左前脚掌向前蹬地，同时上体后仰，落地时由脚前掌过渡到脚后跟，目视前方（图2-8、图2-9、图2-10）。后移步的步幅不宜过大，支撑腿落地后身体保持姿势不变。

图2-8　　　　图2-9　　　　图2-10

2. 练习方法

（1）严格按照动作要领，体会各环节的动作规格。

（2）结合声音或手势的信号进行练习。

3. 易犯错误

（1）上体过分后仰。

（2）姿势僵硬，重心不稳。

4. 纠正方法

（1）严格按照动作规格，同伴帮助纠正。

（2）根据教练提示，结合实践练习，体会动作要领。

（三）侧移步方法与练习

1. 动作要领

从基本姿势开始，左前脚掌向两侧蹬地，同时上体侧仰，落地时由脚前掌过渡到脚后跟，目视前方（图 2-11、图 2-12、图 2-13）。侧移步的步幅不宜过大，支撑腿落地后身体保持姿势不变。

图 2-11　　　　　图 2-12　　　　　图 2-13

2. 练习方法

（1）严格按照动作要领，体会各环节的动作规格。

（2）结合声音或手势的信号进行练习。

3. 易犯错误

（1）上体过分侧仰。

（2）姿势僵硬，重心不稳。

4. 纠正方法

（1）严格按照动作规格，同伴帮助纠正。

（2）根据教练提示，结合实践练习，体会动作要领。

（四）转动步方法与练习

1. 动作要领

从基本姿势开始，以左前脚掌（后跟）为轴，靠前脚掌与后跟转动身体，目视前方(图2-14、图2-15、图2-16),上体保持好基本姿势,身体不可左右晃动过大。

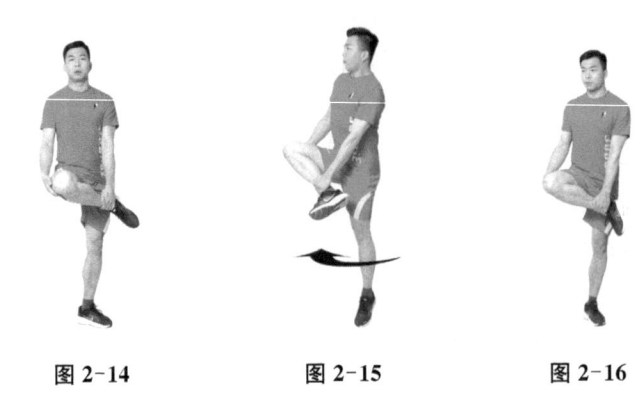

图 2-14　　　　　　图 2-15　　　　　　图 2-16

2. 练习方法
(1) 严格按照动作要领,体会各环节的动作规格。
(2) 结合声音或手势的信号进行练习。
3. 易犯错误
(1) 上体晃动幅度过大。
(2) 姿势僵硬,重心不稳。
4. 纠正方法
(1) 严格按照动作规格,同伴帮助纠正。
(2) 根据教练提示,结合实践练习,体会动作要领。

(五) 制动步方法与练习

1. 动作要领

左脚突然停止移动,左膝弯曲缓冲,靠上体晃动控制平衡(图2-17、图2-18、图2-19)。应防止支撑脚落地后做小垫步。

图 2-17　　　　　　图 2-18　　　　　　图 2-19

2. 练习方法

(1) 严格按照动作要领,体会各环节的动作规格。

(2) 结合声音或手势的信号进行练习。

3. 易犯错误

制动步完成后紧接做小垫步。

4. 纠正方法

靠上体晃动维持平衡。

二、脚斗士跳跃步要领与方法

(一) 前跃步方法与练习

1. 动作要领

从基本姿势开始,左前脚掌向后蹬地,同时上体前倾,整个身体腾空,落地时由前脚掌过渡到脚后跟,目视前方(图 2-20、图 2-21、图 2-22)。应注意起跳时两臂配合发力,腾空阶段保持支撑腿弯曲,落地后上体基本姿势不变。

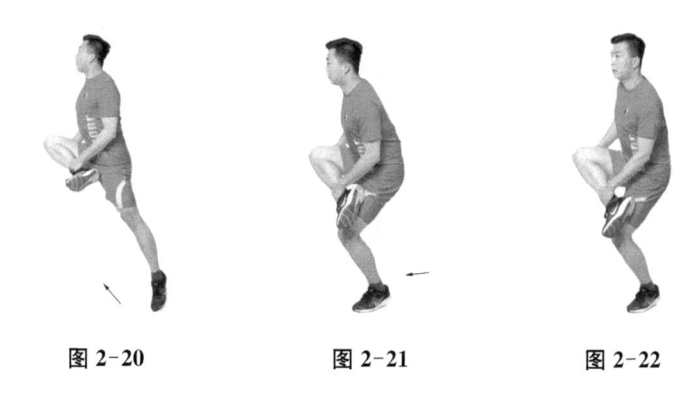

图 2-20　　　　图 2-21　　　　图 2-22

2. 练习方法

(1) 严格按照动作要领,体会各环节的动作规格。

(2) 结合声音或手势的信号进行练习。

3. 易犯错误

(1) 起跳生硬,没有利用身体配合发力。

(2) 腾空后支撑腿自然伸直。

(3) 落地后上体晃动幅度过大。

4. 纠正方法

（1）起跳瞬间两臂协调配合发力。

（2）对着镜子自检或同伴帮助提示。

（3）靠制动步维持平衡。

（二）后跃步方法与练习

1. 动作要领

从基本姿势开始，左前脚掌向后蹬地，同时上体后仰，整个身体腾空，落地时由脚前掌过渡到脚后跟，目视前方（图2-23、图2-24、图2-25）。应注意起跳时两臂配合发力，腾空阶段保持支撑腿弯曲，落地后上体基本姿势不变。

图 2-23　　　　图 2-24　　　　图 2-25

2. 练习方法

（1）严格按照动作要领，体会各环节的动作规格。

（2）结合声音或手势的信号进行练习。

3. 易犯错误

（1）起跳生硬，没有利用身体配合发力。

（2）腾空后支撑腿自然伸直。

（3）落地后上体晃动幅度过大。

4. 纠正方法

（1）起跳瞬间两臂协调配合发力。

（2）对镜子自检或同伴帮助提示。

（3）靠制动步维持平衡。

（三）跳转步方法与练习

1. 动作要领

从基本姿势开始，左前脚掌碾蹬地面，整个身体腾空转动，落地时由脚前掌过渡到脚后跟，目视前方（图 2-26、图 2-27、图 2-28）。应注意起跳时两臂配合发力，腾空阶段保持支撑腿弯曲，落地后上体基本姿势不变。

图 2-26　　　　图 2-27　　　　图 2-28

2. 练习方法

（1）严格按照动作要领，体会各环节的动作规格。

（2）结合声音或手势的信号进行练习。

3. 易犯错误

（1）起跳生硬，没有利用身体配合发力。

（2）腾空后支撑腿自然伸直。

（3）落地后上体晃动幅度过大。

4. 纠正方法

（1）起跳瞬间两臂协调配合发力。

（2）对镜子自检或同伴帮助提示。

（3）靠制动步维持平衡。

第三节　脚斗士的进攻技术

脚斗士运动的一般规律是双方运动员进行不断的攻防转换和对抗，以达到将对手击倒的目的。在这样的对抗性运动项目中，进攻是取得胜利最直接的方法,因而,脚斗士运动进攻技术是体现脚斗士练习者竞技能力水平的重要因素。脚斗士运动练习者所掌握的进攻技术越全面,达到的运动技能越高,也就越能有效地使用技术。脚斗士运动进攻技术包含单一技术和组合进攻两个部分,其中单一技术包括弹推、顶撞、摆膝、套膝、下压、上挑几个部分;组合进攻包括两项技术组合、三项技术组合等。下面分别介绍几种脚斗士运动的基本进攻技术与练习。

一、上挑动作与方法

(一) 动作要领

从基本姿势开始,支撑腿弯曲蹬地,上体微含收,立腰,双手配合攻击腿由下向上挑,力点在膝上侧(图2-29、图2-30、图2-31)。注意发力时双手协调配合攻击腿,腰部应立直。

图2-29　　　　图2-30　　　　图2-31

(二) 练习方法

1. 原地练习法:牢记动作要领,体会蹬地、立腰、双手配合一连串的发力,重点体会"力点",动作由慢到快,放松且富有弹性。培养练习者在练习动作时快打及快速收回基本姿势的意识。

2. 行进间练习法:将移动步法与上挑有机结合为一个整体进行练习。如前移(后移)—上挑、跳转步—上挑等。

3. 击靶、沙包练习(原地、行进间)。

（三）易犯错误

1. 上体过分前倾，导致重心不稳。
2. 手握法不对，正握不便于发力。

（四）纠正方法

1. 练习时体会立腰。
2. 采用侧握法，双手配合攻击腿协调发力。

二、下压动作与方法

（一）动作要领

从基本姿势开始，支撑腿蹬地，上体直立，双手配合攻击腿由上向下压，力点在膝下侧（图2-32、图2-33、图2-34）。应注意发力时双手协调下压配合攻击腿，动作结束时采用制动步还原基本姿势。

图2-32　　　图2-33　　　图2-34

（二）练习方法

1. 原地练习法：牢记动作要领，体会蹬地、立腰、双手配合一连串的发力，重点体会"力点"，动作由慢到快，放松且富有弹性。培养练习者在练习动作时快打及快速收回基本姿势的意识。
2. 行进间练习法：将移动步法与下压有机结合为一个整体进行练习。如前跃步（后跃步）—下压—制动步、跳转步—下压—制动步等。
3. 击靶、沙包练习（原地、行进间）。

（三）易犯错误

1. 动作结束后上体过分前倾，导致重心不稳。
2. 手握法不对，正握不便于发力。

（四）纠正方法

1. 练习时采用制动步还原基本姿势。
2. 采用侧握法，双手配合攻击腿协调发力。

三、套膝动作与方法

（一）动作要领

从基本姿势开始，支撑腿蹬地，上体直立，双手配合攻击腿套住由上向下拉拽，力点在膝内侧（图2-35、图2-36、图2-37）。应注意发力时双手协调配合攻击腿，动作结束时采用跳转步还原基本姿势。

图 2-35　　　　　图 2-36　　　　　图 2-37

（二）练习方法

1. 原地练习法：牢记动作要领，体会蹬地、立腰、双手配合一连串的发力，重点体会"力点"，动作由慢到快，放松且富有弹性。培养练习者在练习动作时快打及快速收回基本姿势的意识。
2. 行进间练习法：将移动步法与套膝有机结合为一个整体进行练习。如前跃步（后跃步）—套膝—跳转步、跳转步—套膝—跳转步等。
3. 对高于膝关节的垫子做套膝练习。

（三）易犯错误

1. 动作结束后上体过分前倾,导致重心不稳。
2. 手握法不对,侧握不便于发力。

（四）纠正方法

1. 练习时采用跳转步还原基本姿势。
2. 采用正握法,双手配合攻击腿协调发力。

四、顶撞动作与方法

（一）动作要领

从基本姿势开始,支撑腿弯曲坐髋蹬地,上体前倾,发力时上体展开,挺髋,力点在膝外侧(图 2-38、图 2-39、图 2-40)。应注意发力前后髋部的变化。

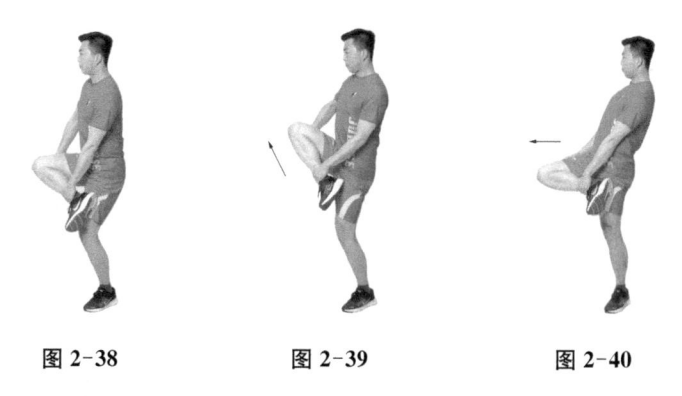

图 2-38　　　　图 2-39　　　　图 2-40

（二）练习方法

1. 原地练习法:牢记动作要领,体会蹬地、挺髋、身体配合一连串的发力,重点体会"力点",动作由慢到快,放松且富有弹性。培养练习者在练习动作时快打及快速收回基本姿势的意识。
2. 行进间练习法:将移动步法与顶撞有机结合为一个整体进行练习。如前跃步(前移步)—顶撞膝等。
3. 击靶、沙包练习(原地、行进间)。

（三）易犯错误

1. 发力前后髋部没有变化。
2. 力点偏下。

（四）纠正方法

1. 原地体会坐髋、挺髋动作。
2. 击靶或沙包时体会"力点"。

五、摆膝动作与方法

（一）动作要领

从基本姿势开始，以支撑腿前脚掌为轴，上体带动攻击腿左右摆动，前倾，力点在膝左右两侧（图 2-41、图 2-42、图 2-43）。应注意发力时控制身体平衡。

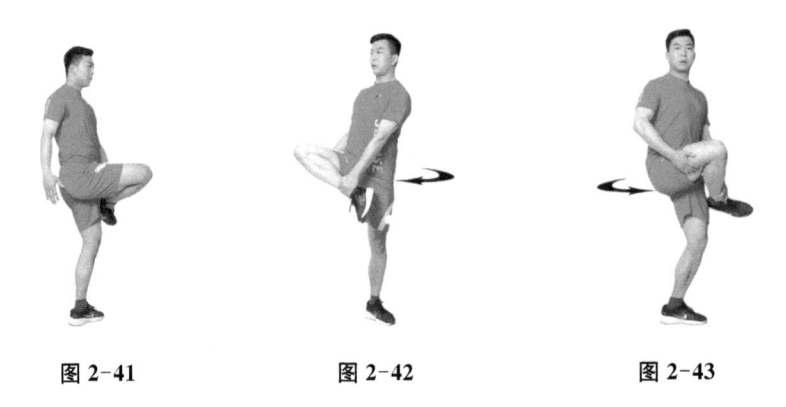

图 2-41　　　　图 2-42　　　　图 2-43

（二）练习方法

1. 原地练习法：牢记动作要领，体会蹬地、摆髋、身体配合一连串的发力，重点体会"力点"，动作由慢到快，放松且富有弹性。培养练习者在练习动作时快打及快速收回基本姿势的意识。

2. 行进间练习法：将移动步法与摆膝有机结合为一个整体进行练习。如前跃步（前移步）—摆膝，跳转步—摆膝等。

3. 击靶、沙包练习（原地、行进间）。

（三）易犯错误

1. 发力后身体失去平衡。
2. 身体不配合发力。

（四）纠正方法

1. 灵活利用制动步。
2. 充分利用腰腹肌的力量。

六、弹推动作与方法

（一）动作要领

从基本姿势开始，支撑腿前脚掌蹬地，同时异侧手配合攻击腿向外弹推，力点在小腿（图 2-44、图 2-45、图 2-46、图 2-47）。应注意发力时异侧手的配合发力。

图 2-44　　　图 2-45　　　图 2-46　　　图 2-47

（二）练习方法

1. 原地练习法：牢记动作要领，体会蹬地、弹小腿、异侧手配合推送一连串的发力，重点体会"力点"，动作由慢到快，放松且富有弹性。培养练习者在练习动作时快打及快速收回基本姿势的意识。

2. 行进间练习法：将移动步法与弹推有机结合为一个整体进行练习。如前跃步（前移步）—弹推、上挑（下压）—弹推等。

3. 击靶、沙包练习（原地、行进间）。

(三) 易犯错误

1. 异侧手没有配合发力。
2. 用踝关节以下部位进攻。

(四) 纠正方法

1. 调整手的握法,强调手推动作的作用。
2. 体会动作要领,对镜自我检查或让同伴帮助纠正。

第四节　脚斗士的防守技术

脚斗士运动的基本技术既包括在实战中完成进攻的技术,也包括截止和削弱对方的攻击,保护自己并能处于反击位置的方法,即防守技术。脚斗士运动的防守技术,是指脚斗士运动中,防守队员对进攻队员做出的任何技术动作采用的相应措施防守方法,包含弹推、侧闪、转体、退让、贴靠几个部分。

一、防守弹推

(一) 动作方法

防弹推技术(图 2-48、图 2-49),如果面临一个非常善于弹推进攻的选手,我们就要发挥自身的优势,有可能是灵活的脚步,也可以是强悍的对攻;如果面对比自己体重大的选手我们就要以基本准备姿势主动贴近他降低重心,让对手没有更多施展的空间;如果是比自己轻的对手我们就可以采取防守反攻的方式寻找机会,扛下对手的进攻后对其进行反攻。

图 2-48　　　　图 2-49

（二）易犯错误

1. 上体过分前倾。
2. 留给对手充足的进攻空间。

（三）纠正方法

1. 充分利用腰腹肌的力量。
2. 灵活利用制动步。

二、防守下压

（一）动作方法

下压技术可分为三种：正压、外摆下压和内摆下压。防守正压时可以将进攻腿放松，膝盖放到最低点或者可以保持好自己的重心用上挑来对抗正压；防守外摆下压时一定要保持自己的重心不要太靠前，脚下的步伐要跟上；防守内摆下压时不能侧对着对方，要正对或者背对着对方，让对方无机可乘（图 2-50、图 2-51）。

图 2-50　　　图 2-51

（二）易犯错误

1. 身体重心太前。
2. 侧面对着对方。

（三）纠正方法

1. 严格按照动作规格，同伴帮助纠正。
2. 根据教练提示，结合实践练习，体会动作要领。

三、防守顶撞

（一）动作方法

顶撞技术是靠身体的重心以及惯性去冲撞对方。因此，防守方法可分为多种：因为速度快、力量大，可以利用步法来灵活地闪躲对方；也可以利用下压动作来防守反击，抓住时机，在对手做完顶撞后充分暴露膝关节位置时，可以迅速做一个下压动作；还可以利用力与力的相互作用，做上挑动作来防守反击，顶撞开始前会有小的腾空动作，利用好机会，向前跳跃做上挑动作（图2-52、图2-53）。

图 2-52 　　　图 2-53

（二）易犯错误

身体重心太前，过度暴露膝关节。

（三）纠正方法

原地体会坐髋、挺髋动作。

四、防守套膝

（一）动作方法

我们可以简单地将套膝理解为套住对方膝关节，因此，防守套膝可以将腿放松,将膝盖放到最低点,做动作时,尽量避免过度暴露膝盖(图 2-54)。

图 2-54

(二)易犯错误

1. 过度暴露膝盖。
2. 上体过分后仰。

(三)纠正方法

1. 严格按照动作规格,同伴帮助纠正。
2. 根据教练提示,结合实践练习,体会动作要领。

五、防守上挑

(一)动作方法

脚斗士运动中,上挑技术是最难学也是最难破解的一项技术动作,防守上挑技术动作方法最为简单的是,当对手在做出上挑技术之时,用最快、最敏捷的思维作出判断,在对手上挑前做出下蹲动作,来破解对手的上挑。当然,这不是唯一也不是最实用的破解方法,根据脚斗士上挑技术分为同侧上挑和异侧上挑,当对手与自己是同侧腿时,需要在对手在做出上挑技术前,将进攻腿抬高、伸展放于对手进攻腿膝的上侧;当对手与自己是异侧腿时,需提前作出判断,在对手要用上挑技术时,迅速后侧一步做下压动作(图 2-55、图 2-56、图 2-57)。

图 2-55　　　　　图 2-56　　　　　图 2-57

（二）易犯错误

1. 上体过分前倾。
2. 姿势僵硬,重心不稳。

（三）纠正方法

1. 严格按照动作规格,同伴帮助纠正。
2. 根据教练提示,结合实践练习,体会动作要领。

第五节　脚斗士的竞赛战术

战术,指战斗的原则和方法,要根据敌我双方具体情况和地形、气候、水文等条件灵活运用(辞海,1989)。体育竞赛中的战术是指在比赛中为战胜对手或为表现出理想的竞技水平而采取的计谋和行动,是运动员(队)竞技能力整体水平的重要构成部分。由战术观念、战术指导思想、战术意识、战术知识、战术形式、战术行动等组成。根据执行战术人数分为:个人、小组(组合)和集体(全队)战术;据战术攻防性质分为:进攻战术、相持战术与防守战术;据战术表现特点分为:阵形战术、体力分配战术、心理战术;据比赛过程分期分为:赛前(干扰、隐蔽)战术和赛中(竞技)战术。战术一般具有对抗性、客观性、科学性、目的性、预见性、创造性和知行统一性特征。

一、脚斗士个人战术

(一) 进攻战术

1. 进攻战术概念

脚斗士进攻战术是指为迅速战胜对手而积极采取的抢先攻击的方法。根据进攻对手的身体方位划分,可以把主动进攻战术分为正面进攻、侧面进攻两种。正面进攻战术运用的主要技术动作包括上挑、下压、顶撞、套膝等;侧面进攻战术运用的主要技术动作包括顶撞和弹推等技术。

2. 战术价值和意义

比赛中主动进攻可先发制人,抢占时机,掌握场上主动权,优先在气势上压倒对方,打乱对手的心理平衡、距离感和时间差,使对手的技战术难以发挥。如果一次主动进攻击中或击倒对方得分,在心理上就给对手造成很大的压力,从而打破对手的心理平衡,使对手出现急躁情绪,急中必乱,乱必出错,错易发急,越急越错,如此恶性循环导致最终失败,使己方最后获胜。主动进攻在比赛中不但能在场上占有主动权,而且还能弥补自己的不足,例如防守能力差时,主动进攻就是最好的防守。

3. 应用范围和时机

以下情况下宜采用主动进攻的战术:当对方反应速度、动作速度、位移速度没有自己快时,当对方防守出现漏洞时,当在有效距离对方未使用进攻动作时,当对方体力不足而自己的体力很好时等。

4. 正面进攻战术

正面进攻是指攻击对手的躯干正面,以达到己方战术目的的进攻战术,运用的主要技术动作包括上挑、下压、弹推、套膝和顶撞等。其战术运用范围和时机如下:

(1) 身高体重优于对手的运动员,主要运用下压、套膝和顶撞等技术;

(2) 与对手身高差别不大、弹跳力和攻击力强的运动员,主要运用顶撞对方膝或胸等技术;

(3) 身高明显低于对手,但整体身体素质尤其是上挑能力较好的运动员,主要运用上挑、顶撞对方膝或大腿外侧等技术。

5. 侧面进攻战术

侧面进攻是指攻击对手的躯干侧面，以达到己方战术目的的进攻战术。运用的主要技术动作包括弹推、顶撞和挤靠等。其战术运用范围和时机如下：

（1）灵敏性较好、擅长弹推的运动员，从对手的侧面进攻一般战机较少，需要运动员采用灵活的步法积极调整与对方的对峙角度，主动寻找战机并伺机突攻。主要运用的技术动作包括各种组合步法的快速配合和连续弹推的组合技术等。

（2）当对方侧身躲避进攻时，应抓住战机进行侧面的连续进攻，主要运用弹推技术动作。值得注意的是，运用此战术对进攻方的跳停接进攻的技术要求较高。

6. 进攻战术练习方法和要求

（1）要掌握主动进攻的战术，必须具备丰富的临场经验，树立必胜的信心，不仅要有相当的果断性，而且要胆大心细。因为在任何体育项目中，进攻总是最难得的，但是也只有进攻才能占据赛场上的主导地位。要练好进攻，必须要有扎实的基本功，要多参加比赛，特别是大型的正式比赛。主动进攻的难度要比后退防守大得多，因此要求运动员付出得更多。运动员既要积极地跳动引逗，又要利用场地积极移动，快速地捕捉时机，用真真假假、假假真真的动作去迫使对手出现判断上的失误，以创造出合适的时机去进行攻击。而自己的进攻意图、路线、时机、距离又不被对手捕捉到，以达到出奇制胜的目的。

（2）脚斗士比赛中对手的类型很多，每个人的性格、特点不一样，打法特长也不尽相同。这就要求教练员与运动员多开动脑筋，在训练中创设各种实战情境，用双人练习的手段来专门练习各种进攻方法，熟练运用各种进攻手段，强化训练，使运动员在大脑中形成概念。而教练员可以列举各种进攻的意图，模拟各种情况，让运动员采用不同的方法进攻，做到熟练，形成自动化。在训练中要狠抓基本技术的训练，因为进攻需要一定距离的跨跃动作，身体很难保持平衡，要求运动员有过硬扎实的跳停基本功，这样就为连续强势进攻打下了基础。

（3）即使加强运动员进攻意识的培养计划再完美，手段方法再先进，如果运动员没有意识就会"事倍功半"。所以对运动员主动攻击意识的培养也是主动进攻战术运用的关键。

（二）防守战术

1. 防守战术概念

脚斗士防守战术是指为防御对方进攻而采取的计谋或方法。依据防守方法的不同，可以把防守类战术划分为躲闪防守战术、跳转摆脱战术和迎击防守战术。

2. 战术价值和意义

在其他格斗项目中，很少把防守战术作为一个重点战术，一般只把防守战术作为其他战术的辅助。脚斗士作为一个新兴搏击类项目，其战术的显著特点是易守难攻。另外，因为脚斗士比赛规则的独特性是规则有利于守方（主要是为了使比赛更精彩、更激烈，避免双方都消极应战而采取的方法）。以上两个原因决定了防守类战术在脚斗士比赛中的重要性。

3. 应用范围和时机

以下情况下宜采用防守战术：比赛轮为守方，同时与对手实力相当或弱于对手时；当对方反应速度、动作速度、位移速度比自己快时；当对方猛烈进攻时；当处在被动位置不易发起进攻时；当己方体力不足而对方的体力很好时等。

4. 躲闪防守战术

躲闪防守战术是指采取左右侧闪、后退等方法避开对手的进攻，尽量不与对手正面接触。这一战术主要以非接触类的防守技术动作为基础，例如侧移步、后移步、后跃步、转移步和摆膝等技术。躲闪防守战术一般的应用范围和时机如下：

（1）体力、耐力和灵敏能力强于对手，而顶撞能力弱于对手时；

（2）被对手强攻，逼到擂台边角处时；

（3）对手由远至近地加速进攻时；

（4）对手采用顶撞、弹推等技术动作进攻时。

5. 跳转摆脱战术

跳转摆脱战术是指在对手进攻时，有目的地运用跳起转身的方法躲避开进攻方的正面或侧面的攻击。跳转摆脱战术的目的一般有两种，一种是跳转后准备反击对方，一种是跳转后迅速远离对方。比赛时，运用跳转进攻或防守的时机，应依据对手攻击方向不同以及我方跳转后与对方所成角度不同，采取相应的战术方法。例如跳转后如果自己攻击膝正对攻方身体侧面,这时应采取主动攻击;如跳转后自己身体正面或侧面与对方的攻击膝正面相对,则应选择继续跳转或远离,因为此时对方由于惯性具有很大的冲力,如果这时选择反攻,一是会大量消耗自己的体能,二是在对方强大的冲力下易被撞倒。技术是战术的基础,没有良好的技术作为基础,再好的战术也很难在比赛中运用。因此把跳起转身技术作为基础练习是跳转摆脱战术实施的重要前提。

6. 迎击防守战术(以攻为守)

迎击防守战术也称以攻为守战术,是指对方进攻时,攻击部位还未接触自己身体时,即可采取主动截防对手攻击部位的防守战术。这一战术主要以接触类的防守技术动作为基础,例如上挑、顶撞、弹推等技术。迎击防守战术与主动进攻战术的区别在于:迎击防守战术的战术目的是积极防守,重在"防",其表现形式是迎击动作较晚于对手或与对手同时启动。而进攻战术的目的重在"攻",其表现形式是进攻动作较早于对手或与对手同时启动。迎击防守战术一般的应用范围和时机如下:

(1) 该局比赛自己为守方(抽签中抽到守擂的一方),且对手的实力稍强于或与自己相当时;

(2) 对手运用上挑、下压或原地跳起顶撞等技术动作进攻时。

(三) 攻防组合战术

1. 攻防组合战术概念

攻防组合战术是指采用攻防混合的方法达到克敌制胜的战术目的的战术或战术组合。攻防组合战术一般可以分为防守反击战术、攻防战术、多次防攻战术、多次攻防战术等。

2. 战术价值和意义

脚斗士战术同其他格斗类项目类似,有着千变万化的战术形式。格斗类项目的战术共同点就是"攻防"。攻防组合战术是脚斗士比赛中最基础、最常用和最主要的战术之一。它既是脚斗士战术变化的源泉,又是其战术创新的起点。

3. 应用范围和时机

采用防守战术应该具备下列条件:当对手技术类型单一时,当对方反应速度、动作速度、位移速度较慢时，当对方防攻转换较快时，当不了解对方的战术意图时。

4. 防守反击战术

防守反击是脚斗士比赛中最常用的重要战术之一。防守反击战术是待对方发起进攻后，在防守的过程中反击对方。主动进攻容易改变原有的实战姿势，身体不同部位一定会有防守空隙和薄弱环节，因此，守方可在防守的同时或之后进行反击。防守者以静制动，有充分的思想准备这也是反击成功的原因之一。运用这种方法比较安全，而且对对方来说有极大的威胁。一方面，防守者处于有利的实战姿势，先要防住对方的进攻，身体暴露的空档少，自身处于一个待发的状态，这种状态为守方紧接着进行有效的反击提供了条件。另一方面，对方主动进攻，身体的平衡状态改变，破坏了本来的实战姿势，暴露出空档，这种状态又为我方的反击创造了有利的条件。

防守反击与主动进攻战术的区别在于前者是在防守状态下发起的。在防守中可能包含着伺机进行反攻的意图。守方采用灵活机智、动静变化的战术，对手就难以分辨其中的真伪。守方隐蔽了自身战术意图，争取了比赛的主动权，也就是控制了场上的局面，从而达到了攻其不备、后发制人的目的。反之，倘若时机不当，使用战术再成功也不能达到反击的目的。运用不同形式的防守反击，也是导致运动员得分取胜的重要因素。防守反击战术的运用时机和条件如下：

（1）把握动静时机。防守反击的"动"是指诱敌的战术方法。一方面可争取场上的主动权、控制权，以真假虚实的动作迷惑对方，分散其注意力，更好地隐蔽自己的战术意图；另一方面，可在动中寻找战机，造成对方判断错误，在其草率进攻的情况下，及时抓住其空当，给予反击。防守反击战术中的"静"，是以静待动的战术方法。赛场上情况瞬息万变，必须保持清醒的头脑，观察对方的细微变化，正确判断对方的攻击意图。在防备的情况下，蓄势待发，以静制动。动与静两种战术结合能充分发挥防守反击战术灵活多变的特点。

（2）要有较强的判断能力、反应能力和分析能力。在实践中学会判断分析对手的习惯动作以及进攻动作的路线、力点和对手的移位情况，注意对手眼神及表情的变化，从中获得信息，然后再做出相应的防守反击动作。

（3）较好的距离感意识。在防守中必须为下一步的反击创造有利的条件,以达到反击的目的。这就要求我方采取迎击或闪躲的方法使对方的进攻失效,还要和对方保持适当的距离,为反击创造有利的条件。如果身体移动躲闪的距离不够,则容易被对方击中。如果身体移动躲闪的距离太远,则又给下一步的反击带来困难。用防守动作躲闪对方的进攻所使用的躲闪应该是在能保证躲开对方的攻击的前提下,躲闪距离越小越好,而且尽可能让动作精简。这样不仅能使自己的步法轻快、灵活,更能保持自身的平衡,使反击更快而且更具杀伤力。

(4) 先防守后反击。在对手主动进攻时,我方不能即刻有效反击或不利于直接反击。例如,对方用跳起顶撞技术强攻时,由于此力量大、动作幅度也大,击空后还有一定的惯性作用,致使重心偏离,即使勉强控制身体的稳定,也会出现较大的空档,我方可在躲闪的同时,掌握最佳的反击距离。

(5) 防守同时施以反击。双方在攻击距离内,对方先进攻,在没有较强的攻击力时,可以采取边防守边反击的方法争取及时的反击。例如,对手用下压技术进攻时,我方用上挑技术迎击对方,如果我方力量较大,在防守的同时也可能击倒对方。

(四) 其他战术

脚斗士属于搏斗对抗类项目,其本质属性是攻、防。因此进攻类战术、防守类战术和攻防组合类战术应是脚斗士的核心战术,其他战术为辅助战术或衍生战术。古人云:"奇正求胜,以正为主",就是说战胜对手要以正统常用且重要的战术为主,辅助以奇特战术达到出奇制胜的目的。

1. 体能消耗战术

体能消耗战术是指在比赛时为了战胜对手而采取消耗对手体能的战术方法。体能是比赛制胜因素的重要组成部分,体力消耗的大小直接影响比赛的成败,脚斗士比赛对体力的消耗很大。能否降低体力的过早耗损,维持旺盛的体能,是夺取比赛胜利的关键因素之一。过度消耗会使身体不能维持进攻时特定的运动强度,表现在具体比赛的某一阶段和时刻出现面色苍白、眼神无光、身体无力、技术动作变形与反应迟钝、观察力与注意力不集中、运动能力下降,甚至产生休克等现象。体能消耗战术应用范围和时机:(1)己方体力明显优于对手时,或对手体力较差时;(2)对手爆发力较强,但耐力较差时。

2. 挤靠战术

挤靠战术是指运用自己身体躯干部位，粘住对手进行挤、顶、推等发力动作，致使对手出界的战术方法。挤靠战术一般在擂台边角对抗时运用较多。挤靠战术的运用时机：

（1）在擂台边角进攻对手，但与对手贴身粘住，如果回跳重新发动进攻，对手可能趁机逃离边角，此时运用挤靠战术，易把对手挤出界外。

（2）比赛快结束双方体力明显下降时，运用挤靠战术，一是可以缓解体力，二是防止对手发动突袭或强攻。

3. 技术相克战术

技术相克战术是指运用能克制对手技术发挥的方法或手段战胜对手。技术是战术的基础，不同的技术动作之间存在着一定的，互相克制的规律，从而使相对应的战术也存在着这样的一种对应关系。但是这种相克是建立在双方技术和身体素质相当或差别不大的前提条件下的。

4. 假动作战术

假动作战术是用虚假动作造成对方的错觉，使其误入歧途，以实现己方的真实进攻意图。在脚斗士比赛中假动作也是比较常用的战术之一，例如运用摆膝技术后，即可进行顶撞或下压动作，其中摆膝就是假动作，而真实目的在后面的动作。假动作战术的应用时机：

（1）对付反应快、防范能力强的对手时，直接攻击易被对手防守或反击，而采用假动作虚晃对手，使其对虚假动作产生反应，再伺机进攻。

（2）一般在比赛开始的前几局，己方体力较好时运用假动作。这时假动作逼真有效，同时可以和强攻战术密切配合，达到制胜目的。

5. 边角战术

边角战术是利用对方退到警戒线或边角时，故意越出警戒线而进行攻击的战术。在比赛中有目的地将对方逼到警戒线或边角，造成对方心理恐惧、惊恐而导致动作的混乱，抓住这个机会，加强正面攻击，争取多进攻多得分，以便获胜。此战术一般适用于当自己的体力比对方差时，利用警戒线的限制获胜。

6. 重创战术

重创战术是打击对方，使其失去战斗力的战术。实施重创战术需要一定的身体技术条件。擅长此技的运动员的特点是头脑较冷静，脚有较大的功力，但不轻易出脚，看清时机，一次重击成功；用步法不断调整合适的击打距离,运用顶撞重击的可能性大;不断变化角度,力图选择最佳击打部位;重击前多伴有假动作,转移对方注意力。同时又必须具备以下的条件:当自己攻击力量好而技术不如对方时;在比分落后的情况下;当自己的攻击力量大且技术比对方好,但耐力差时;当对手临场经验少、防守差、信心不足时。

二、脚斗士团体战术

脚斗士团体赛与其他对抗项目有所不同,其团体对抗是通过单个队员的交替对抗来进行的。因此,团体战术的核心是以个人战术为基础的。团体战术的特点主要体现在教练员依据比赛情况如何进行正确合理的分兵派将。从这一角度看,脚斗士团体对抗战术可以分为强兵战术、强将战术和换人战术。当然,如果队员整体水平都差不多,就无所谓强兵还是强将战术了,这时应根据运动员的本身技术和体能特点来安排。对于体能较好的运动员一般安排在车、马、炮的位置,防守技术强的队员安排在将位置(前提是己方前边有获胜把握),进攻和防守强的队员安排在象位置。如果有 1～2 名队员水平较弱,一般先安排在车、马、炮的位置。如果其中 2～3 名队员较强,则按以下战术安排。

(一) 强兵战术

1. 强兵战术概念

强兵战术是指把水平较高的队员安排在车、马、炮位置,以期达到先期有利于己方的战术目的。

2. 战术价值和意义

强兵战术的目的一般有两个,一是通过前几节比赛的优胜,可用车、马、炮中的一员去挑战对手的象。这样即使不能用车、马、炮中的一员打败对方的象,也可以大量消耗对手的体力,以便己象与其对抗时占体力优势。二是己方车、马、炮中的一员挑战即使失败,按规则对方象要首先挑战己方象。这样被挑战方就会既有体力优势又有守方优势,守方获胜的概率会大大提高。从以上两点分析,采取这种战术会给对方的象造成很大威胁。

3. 应用条件和范围

(1) 己方车、马、炮的耐力和攻击力较强;

(2) 己方将实力很强;

(3) 己方整体实力较强。

(二) 强将战术

1. 强将战术概念

强将战术是指把水平较高的队员安排在将或象位置，以期达到有利于己方的战术目的。

2. 战术价值和意义

强将战术可分为强将战术和强象战术。强将战术的优点是无论前边车、马、炮对抗己方获胜还是失败，对整个团体比赛结果并不起决定性作用，即使对方前边占优势，如果对方将不强，对方还是很有可能输掉比赛。因为象、将之间的对抗是三局九分，对运动员的耐力要求并不是很高，即使被挑战方的将先与对手的象打上一局，整体消耗也并不很大，如果队员攻击力好，打败对手还是很有可能的。

3. 应用条件和范围

(1) 己方整体实力较弱，个别队员(1名)较强，可安排强将战术；

(2) 己方整体实力较弱，个别队员(2名)较强，可安排强象和强将战术。

(三) 换人战术

换人战术是指团体赛时，教练员根据比赛情况调换安排队员，以达到有利于己方战术目的的方法。按照脚斗士现行规则，队中有一名替补队员。教练员一般依据团体赛前边的比赛结果以及对手排兵布阵的情况，再合理调配安排己方的车、马、炮、象、将位置。既可以更换替补队员，又可以进行车、马、炮、象、将之间的更换调整，以达到最佳的比赛结果。脚斗士的排兵布阵事先是保密的，因此教练应根据具体情况，安排尽可能占优势的出场阵容。一般比较有把握的方法是：替补队员首先替换的队员应是己方的弱车、马、炮，或体力较差的车、马、炮，其次是替换象，再其次是替换将。在高水平比赛中，教练员除了根据队员体力情况及时更换队员外，还应对己方的车、马、炮进行及时调换，这样做的目的，一是更充分地发挥了每个队员的体力和技术，二是变换了自己队员实力分配，以便迷惑或打乱对手的战术安排。

三、脚斗士战术方案制定

战术方案是比赛中教练员和运动员战术行动的指导方针，是战术行动的基础，是比赛战术行动的重要环节。比赛战术方案制定合理与否，直接关系到本队或运动员竞技水平的发挥，关系到比赛的胜负。战术方案制定周全详细，不仅有利于运动员的相应战术准备，使其在比赛中战术运用合理得当，还有利于运动员的比赛心理准备，运动员对未来比赛心中有数，减少不必要的心理负担，有益于稳定参赛情绪。

（一）战术方案设计依据

制定比赛方案时通常必须考虑下列因素：

1. 对己方的技战术能力必须有一个正确客观的估价，不能过高或过低。
2. 要了解对方的技术特长、弱点和个人战术能力、战术意识以及体力。
3. 要了解对方惯用战术打法、战术节奏及其优缺点，熟悉对方战术熟练程度和战术风格。
4. 要了解对方教练员运用战术的规律和习惯。
5. 要了解对方的训练状况和竞技能力。
6. 要了解对方处理复杂情况的应变特点和应变能力。
7. 要了解对方教练员和队员的心理品质、比赛作风、比赛经验及战术谋略素养等方面的特点，从而使战术方案适应对方特点，具有针对性。
8. 外界客观因素

（1）比赛场地与环境：制定战术方案需要了解比赛的客观条件（包括观众、场地、器材、季节等）对双方教练员和运动员心理、技术、战术发挥的影响。

（2）天气与气候：制定比赛方案时也需了解比赛时的风向、风速、阳光或雨天等气候的影响因素，这在室外比赛时尤为重要。目的是使己方战术调整得更切合比赛实际，并使队员有心理准备。

（3）比赛性质：战术方案的制定必须依据不同性质的比赛而定。如锦标赛与及格赛、预选赛与决赛、淘汰赛与对抗赛等，不同类型的比赛所制定的战术方案必将会有明显区别。

(二) 制定战术方案原则

1. 实效性原则

战术效果和比赛结果是检验战术方案设计是否正确合理的基本点,是检验战术思想和战术行动的标准。制定战术方案、确立战术指导思想,必须围绕着比赛获胜这个最终目的。

2. 可行性原则

在制定战术方案时,既不能高估自己或对方的力量,也不能畏难、缺乏自信,要注意扬长避短,充分利用各种有利条件,从实际出发选择战术方法和手段。在对战术方案进行可行性分析时,有两点应特别注意:一是所采取的战术能否给比赛对手造成威胁,能否在比赛中奏效;二是战术安排是否符合本队的实际能力,安排的战术是否运用自如。

3. 针对性原则

战术方案的设计必须具有强烈的针对性,即针对己方的长处发挥其优势,针对对方的薄弱环节助其成为劣势。具体表现为战术进攻应选择对方弱点为突击点,以达到攻击一点,使其顾此失彼、全线崩溃的目的。而在战术防守中,则应发挥己方之长,弥补防守中的薄弱点。因此,战术方案的制定首先是要考虑充分发挥自己的长处,即以己之长击敌之短。同时还要考虑尽可能地压制对方的长处,即抑敌之长掩己之短。抑敌扬己的核心是以长击短,从而夺取比赛的主动态势。

4. 合力性原则

比赛战术方案的设计必须由教练员和运动员共同参与。因为,再好的战术都必须物化成为运动员的行动才能起到效果。制定战术方案时若没有运动员的参与,没有运动员对战术方案和战术意图的透彻认识和了解,是很难收到预期效果的。

5. 弹性原则

"水无常形,兵无常势。"制定战术计划必须留有一定的调整空间,以适应赛场情况的变化。所谓"立谋虑变",就是要保证临场有回旋的余地。

6. 明确目标原则

目标是战术方案期望所达到的目的和标准,也是总体战术行动的出发点和归宿点。任何战术方案的制定必须围绕比赛的目标和任务进行。因此,确定任务目标是筹划战术决策与战术准备的关键，也是最重要的第一步。

(三) 制定战术方案程序

1. 赛前分析

通过各种手段（如比赛录像、录音、现场统计、电脑模拟等）对对手的各方面情况进行分析，预测对手的战术企图，分析对手的特长与弱点，掌握未来比赛尽可能多的细节，以作为制定比赛战术方案的依据。只有在充分调查分析和研究的基础上，才能作出符合客观实际的正确判断，也才能制定出行之有效的战术方案。

2. 确定比赛所要完成的任务和具体指标

不同的比赛有着不同的任务，制定战术方案时一定要明确本次比赛的任务，以及为实现比赛任务所要达到的具体指标。

3. 确定战术思想

由于每场比赛的任务不同、对手不同，具体比赛的战术思想也是不相同的。因此，赛前战术方案中必须明确具体比赛的指导方针，以指导比赛的战术行动。战术指导思想的确定，应以比赛实际情况为立足点。

4. 选择战术方法

根据所确定的战术指导思想，认真选择适合己方比赛的具体战术、各种战术打法的衔接方式，充分发挥己方的特长，确定每场比赛个人的体力分配。

5. 准备应变方案

根据对比赛各种可能性的估计和预判，考虑到比赛中会出现的各种情况，配套设计出多种辅助和应急方案以供选择和使用，并且要事先向运动员布置和安排应变方案。应变方案应详细具体，旨在因人、因情势变化而调整使用。当比赛中基本战术方案受挫或受阻时，队员将会依据不同的情况应变有方，行动有数，避免被动与慌乱。

第三章
脚斗士教学原理与方法

脚斗士作为一项体育运动项目，其教导过程具有体育教学的一般特点和规律，同时又具有自身的教学特点和特殊规律。由于脚斗士形成现代运动项目的时间较晚，在教学原理、方法、手段等方面还尚未形成体系，因此，我们既要吸收传统体育教学成功经验，又要不断总结自身实践成果，以期更好地为开展脚斗士运动教学服务。

第一节 脚斗士教学目标与任务

教学目标与任务是选择教学方法的重要依据。体育教学目标是体育教学活动的主体在具体教学活动中所要达到的预期结果或标准。这个预期结果或标准是依据体育教学的目的而提出来的阶段性成果(或标准)和最终成果(或标准)。简言之，是努力的方向和预期的成果，是"要在各个阶段达成什么和最后达到什么"的意思。体育教学任务是为了完成体育教学目的、实现体育教学目标所应该做和必须做的工作。是受委派担负的工作或责任，即上位的人或事对下位的人或事提出的要求及布置的工作，是"要做什么"的意思。好的目标有助于明确教学任务，体育教学目标是"的"，体育教学任务是"矢"，有了明确的目标，教学的任务才能"有的放矢"。因此，脚斗士教学目标决定着脚斗士教学任务，脚斗士教学任务是为了完成脚斗士教学目的、实现脚斗士教学目标应该做和必须做的工作。

一、脚斗士教学目标

脚斗士教学目标从属于学校体育的教学目标，脚斗士是学校体育教学的运动项目。脚斗士的教学目标是指在学校教育的整体中,在一定范围内,脚斗士运动实践所期望达到的结果。脚斗士的教学目标明确了脚斗士运动在学校开展的方向,是脚斗士活动的出发点和归宿。脚斗士的教学目标还为判断脚斗士教学工作的正误,评价脚斗士教学工作的效果优劣提供了依据和标准。

(一) 制定教学目标的依据

脚斗士教学目标并不是随意制定出来的,而是有依据的。社会需要、学生身心发展的需要、学校体育的功能等是确定脚斗士教学目标的主要依据。社会需要(social need)是指由社会生活引起并受社会制约的高级需要。美国心理学家马斯洛认为人的需要分五个层次,五个层次由低到高依次是生理需要、安全需要、归属与爱的需要、尊重需要和自我实现需要。一个层次的需要相对满足了,人就会产生高一层次的需要。需要引起活动,随着社会发展进步,学校体育育人功能多元化发展,脚斗士运动随之产生,因此,脚斗士教学目标制定要依据社会需要。

体育运动产生于游戏,脚斗士又叫"撞拐",是以单脚支撑以及单膝攻击为其基本运动形式的体育项目。学生参与脚斗士运动会对其身体机能形态产生系列的影响。有教学实验发现,脚斗士练习不仅能有效增强人体腿部肌肉的爆发力、力量耐力,而且能有效锻炼人体髋、膝、踝关节的灵活性,还可以有效提高人体心肺功能和动态平衡能力。在比赛对抗中,学生可以充分体会到竞技比赛般的激情与刺激、游戏般的快乐与趣味等。因此随着学生生理、心理的成熟与发展,需要脚斗士运动提升身体素质,脚斗士教学目标要围绕学生身心发展需要而制定。

学校体育的功能较丰富,具有健身、娱乐、促进个体社会化、社会情感、教育、政治、经济等功能,脚斗士具有学校体育的功能,教学目标制定也应依据这些功能而确定。同时,脚斗士教学目标也应当紧紧围绕社会对于脚斗士运动的需要指向,以及学生身心发展的阶段性需求,通过发挥脚斗士运动的精神价值、文化价值、健身价值及其所衍生的教育功能、经济功能和健身功能来达到。

(二) 制定教学目标的意义

1. 充分发挥脚斗士体育学科教学的功能

只有合理地制定脚斗士教学目标,才能明确要实现哪些体育教学的功能,如健身的目标可以帮助实现脚斗士教学的健身功能,愉悦身心的目标可以帮助实现脚斗士教学的满足乐趣功能,传授技术的目标可以帮助实现脚斗士教学的授业功能等。如果不合理地制定脚斗士教学目标就不能充分发挥体育教学的功能,使目标偏离了脚斗士教学的基本功能,无法发挥好脚斗士教学的主要功能,使得这些脚斗士课上得空洞而虚假,使得脚斗士教学的质量大为下降。

2. 明确和落实脚斗士的教学任务

脚斗士体育教学目标决定着具体的体育教学任务。目标是标志,没有标志脚斗士教学就没有方向,但只有标志没有具体的行动,标志也是没有意义的。因此,要有具体的脚斗士教学任务来支撑目标的实现。脚斗士教学目标是"的",脚斗士教学任务是"矢",有了明确的目标,教学的任务才能"有的放矢",切实有效。目前,脚斗士教学缺乏明确的目标性,显得指导性不强。

3. 规约了脚斗士教学过程

脚斗士教学目标不仅在方向上对脚斗士教学起着指导作用,而且在具体的步骤和方法上也具有规约的作用。我们知道,体育教学过程是由若干等级不同的小过程所组成的,若使总目标的要求落实到整个体育教学活动体系的各个部分中去,就必须对实际的体育教学活动做出具体的规定,设置具体的体育教学目标或标准,若干等级和层次的具体的体育教学目标或标准的集合就是最终的体育教学成果。因此,脚斗士教学要取得怎样的结果?要先达到怎样的结果,再达到怎样的结果?它们之间是怎样的逻辑关系?这些都要靠制定阶段的脚斗士教学目标来明确。脚斗士教学目标预先规定了脚斗士教学的大致进程,脚斗士教学的展开过程就是脚斗士教学目标得以一一实现的过程。因此,清晰的脚斗士教学总目标有利于体育教师对教学活动的控制,有利于提高脚斗士教学设计的预见性和科学性。

4. 指引、激励教师的教与学生的学

目标反映了人的愿望和努力方向。当明确的目标意识延伸到人的行为领域,并同行为相联系的时候,则形成动机和动力源泉。虽然脚斗士教学目标并不完全是由任课教师和上课学生群体制定的,但合理的脚斗士教学目标必定充分反映着教师的努力方向和学生的学习愿望。因此,科学合理的脚斗士教学目标必定可以指引教师的工作,必定可以激励学生学习。

(三) 制定教学目标的要求

一般而言,制定脚斗士教学目标需要符合学校整体体育教学目标的安排,学校体育整体教学目标的要求为脚斗士教学目标的要求指定了一定的范围和方向,因此需要先明确学校体育教学目标的要求,在其框架下构建脚斗士教学目标的要求。

(1) 全面贯彻教育方针,面向全体学生。脚斗士是全面发展体育教育的重要组成部分,脚斗士教学要坚持全面贯彻国家的教育方针,坚持为现代化建设培养全面发展人才服务的基本方向。因此,要正确处理好脚斗士与德育、智育、美育以及劳动技术教育之间的关系,充分发挥脚斗士体育教学工作的积极作用和影响力,转变传统的教育观念,要坚决贯彻执行我国有关教育、体育的方针、政策、制度与措施,共同完成为现代化建设培养全面发展人才的任务。学校要面向全体学生,使全体学生都享有体育运动的权利。要创造一切条件组织和动员全体学生参加各种形式的体育活动,以满足他们的不同体育需要,促进他们身心全面的发展。对部分有一定运动才能和天赋的学生,应从学校的实际出发,在课余时间安排他们进行适当的脚斗士训练,提高他们的运动技术水平。

(2) 加强脚斗士师资队伍建设,提高运动理论与技术水平。体育教师是学校体育工作的组织者和实施者,学校体育工作的成败主要取决于体育教师。他们的数量与质量,是实现学校体育目标的关键。因此,脚斗士教师的教学水平直接决定了脚斗士运动开展的深度,脚斗士运动要在学校推广,必须加强脚斗士运动的师资培训工作,设立专门的人才培养渠道和培训机构,提高业务水平,使之能系统、科学地指导学生。一方面要努力提高师范院校体育教育专业的质量,另一方面要加强在职体育教师的业务培训与进修,引导他们积极投身于当前的体育改革的浪潮中,认真学习现代教育理论与思想,不断提高自身的理论修养和业务水平,使自己具有高尚的师德、全新的教育观念、多元的知识结构、全面的教育能力及健康的人格等,以适应当代学校体育改革与发展对体育教师的新要求。我国地域广阔,各级各类学校的体育基础不平衡,不同地区、学校面临的实际问题也各不相同,脚斗士运动的基础研究还相当的薄弱,需要进一步加强研究,形成系统完备的科学理论体系,保障脚斗士运动健康与快速发展。因此加强学校脚斗士的教学、科学研究非常必要,这不仅是深化改革、提高脚斗士体育工作质量的需要,也是提高体育教师业务水平的重要环节。在开展脚斗士教学工作时,要注意及时总结工作经验,并将之上升到一定的理论高度,以便在实践中加以推广。同时要善于抓住脚斗士运动实践中亟待解决的重要课题进行研究,力争以科研上的突破带动学校体育的改革向纵深发展。

(3) 加强脚斗士场地器材的建设,保证必要的物质条件。开展脚斗士教学工作,需要良好的物质条件,如体育场地、器材、设备、服装等。当前脚斗士运动在学校中还不够受重视,对这项运动在资金、人力、场地器材等各方面的投入也不多。虽说脚斗士这项运动对场地、器材要求不高,具有易操作的特点,但是场地、器材的缺乏对校园内脚斗士运动的开展还是有很大的影响。我们知道,物质条件是学校体育的有机组成部分,对实现学校体育目标有重要意义。它可以引导和激励学生积极参与体育活动,能够有效地促进学生的身心健康。各级教育行政部门和学校应当根据学校体育工作的实际需要,把学校体育经费纳入核定的年度教育经费预算内,配备必要的体育器材设施。要广开渠道,多元投入,积极筹措必要的经费,改善学校体育场地、器材设施。

(四) 教学目标的制定

只有编制出合理的脚斗士教学目标,才能稳妥地开展脚斗士教学项目。中国体育与健康课程标准的中小学体育课程目标在总目标的基础上又具体划分为:运动参与(具有积极参与体育活动的态度和行为,用科学的方法参与体育活动)、运动技能(获得运动基础知识,学习和应用运动技能,安全地进行体育活动,获得野外活动的基本技能)、身体健康(形成正确的身体姿势,发展体能,具有关注身体和健康知识,懂得营养、环境和不良行为对身体的影响)、心理健康(了解体育活动对心理健康的作用,认识身心发展的关系;正确理解体育活动与自尊自信的关系;学会通过体育活动等方法调节情绪;形成克服困难的坚强意志品质)、社会适应(建立和谐的人际关系,具有良好的合作精神和体育道德;学会获得现代社会中体育与健康知识的方法)等。目标制定主要围绕两条主线构成,其一是健康主线,包括身体健康、心理健康和社会适应。它集中体现了体育课程价值取向的主体,反映了体育课程目标的本质,这3项构成的目标体系是目标的实质结构。其二是运动主线,包括运动参与和运动技能,它集中体现了实现体育课程目标的必要载体作用,是实现体育课程目标的必要手段。脚斗士教学目标制定参阅《体育与健康课程标准》和《全国普通高校体育课程教学指导纲要》等文件要求，结合《体育教学论》《学校体育学》和《体育与健康课程标准》等教材教学目标设计"法理"，通过分析学校体育教学实际状况来针对性制定大中小学脚斗士教学目标。教学目标表述应尽可能具体、可操作。

从上述脚斗士教学目标制定要求中可以看出，一方面脚斗士教学需要满足更为宏观的教育方针，另一方面需要考虑到自身系统的完善运行，同时还要考虑得以运作的人力基础和物质基础。脚斗士教学目标的要求一方面也需要满足学校体育整体上的教学方针，另一方面则需要考虑到脚斗士这一运动项目系统的完善运行，如身体素质与运动技术之间的关系、赛事战术与运动技术之间的关系、训练强度与运动技术之间的关系以及运动损伤知识、健康教育与卫生保健对脚斗士运动教学的支撑作用，当然也需要进一步考虑脚斗士教学目标得以实现的人力基础和物质基础，积极整合加强脚斗士教员队伍以及脚斗士赛事场地设施、装备设施的建设。

二、脚斗士教学任务

脚斗士作为一项新兴民间体育项目，其教学是指在学校体育课程与教学中的实践活动。因此，脚斗士项目教学任务的确立应该首先符合学校体育课程和体育教学的基本政策与要求，一些基本的政策与要求是必须遵循的。

第一，《学校体育工作条例》指出，学校体育工作的基本任务是：增进学生身心健康，增强学生体质；使学生掌握体育基本知识，培养学生体育运动能力和习惯；提高学生运动技术水平，为国家培养体育后备人才；对学生进行品德教育，增强组织纪律性，培养学生的勇敢、顽强、进取精神。《学校体育工作条例》强调，学校体育工作应当坚持普及与提高相结合、体育锻炼与安全卫生相结合的原则，积极开展多种形式的强身健体活动，重视继承和发扬民族传统体育，学校体育工作应当面向全体学生。

第二，2002年7月4日，教育部、国家体育总局印发《〈学生体质健康标准（试行方案）〉实施办法》（以下简称《实施办法》），认为《学生体质健康标准（试行方案）》（以下简称《标准》）是促进学生体质健康发展、激励学生积极进行身体锻炼的教育手段，是学生体质健康的个体评价标准，也是学生毕业的基本条件之一。各地教育行政部门和学校应把《标准》的实施作为学校体育工作的重要内容,积极宣传、加强管理、认真施行。素质教育对体育教学的基本要求:素质教育作为提高民族素质的基础工程,是在教育要"三个面向"的战略方针指引下,发挥每个学生的主动性,促进学生在德、智、体等方面生动活泼地、主动地、全面发展的教育。其特征是强调:(1)弘扬人的主体性、注重开发人的智慧潜能、注重形成人的精神力量。(2)面向全体学生。它要使每一个学生都能在其天赋的容许范围内得到充分发展。从这一点上讲,素质教育也是"差异性教育"。(3)要求人的全面发展。它要求学生德、智、体并重,全面发展人的生理、心理和文化素质。

第三,学校体育有其基本的组织形式。《学校体育工作条例》将学校体育工作的基本内容划分为体育课教学、课外体育活动、课外体育训练和竞赛四个组成部分。通常人们将学校体育组织形式分为体育课与课外体育活动。体育课是学校教学计划中规定的必修课。它是学校体育工作的基本组织形式,承担着对学生进行系统身体教育的重任。"课外体育"指的是体育课之外的一切学校体育活动,主要包括课外体育锻炼、早操、课间操、班级体育锻炼以及课外体育训练和竞赛。脚斗士运动在学校的教学与普及,应该紧紧依托学校体育的这两种基本组织形式。

第四,素质教育作为我国现代教学的特征,它既表现为一种思想,又是一种教学方式。素质教育对体育教学的影响概括起来有四个核心概念,即参与、合作、尊重差异和体验成功。参与是对每一个学生的理解与尊重。过去,教师的关注焦点往往是"优秀"的学生,忽视"一般"学生,"差生"和"一般"的学生总是得不到重视和锻炼的机会。体育教师总喜欢让"优秀"学生出列"表演",而"一般"的学生总得不到展现自己的机会,由此失去对体育的兴趣。"重在参与"要求体育教师善于调动所有学生的积极性,发挥每一个学生的特长,使每一个学生愿意参与、能够参与并得到充分发展。教学中的合作是培养人的社会性的活动,是人的情感的交换。在体育教学中,应使学生产生合作的愿望,学会合作的方法,培养善于合作的能力,产生合作的效益。当前,体育教学中,常常用小组合作和班集体竞争的形式,培养学生的合作和交往的能力,取得了良好的效果。相对复杂的集体性项目,应该用合作的形式,因为合作能够取得更大的成果;一般相对简单的个人运动项目,就可以采用竞争的形式进行教学。素质教育不仅要培养人的竞争和协同的意识,同时要培养人对竞争与协同的选择,甚至是方法与技巧的选择与运用,以适应未来社会的需要。尊重差异，首先是承认差异，其次是区别对待。尊重差异的最终目的是发挥学生的主体作用。教育中的主体性是相对于主导性的一个概念，它是指学生自主性、主动性和创造性的总和，它是人的全面发展的核心问题。其中，学生的自主性主要指学生的自我意识与自我能力，包括学生的自尊、自爱、自信、自觉、自理，符合实际的自我判断、积极的自我体验、主动的自我调控等；主动性是指学生与外界的关系问题，其中包括成就动机、竞争意识、求知欲、主动参与社会的适应性；创造性是学生在主动性和自主性发展到高级阶段的表现，它包括创造的意识、创造的思维和动手实践的能力。学生是认识或学习的主体，学生认识的发展同其他一切事物的发展一样，内因是根据，外因是条件，外因通过内因而起作用。教师的教是外因，学生的学是内因。学习是对知识的能动的智力加工活动，尊重了差异，学生才可能发挥主动性和积极性。素质教育主张学生体验成功。传统的统一考试是强制性的，学生没有选择的余地，基础较差的学生在这种考试中常常只能得低分，被认为是"差生"。他们也由此觉得低人一等，丧失自信心。素质教育主张必须创造一种评价方式，这种方式是不带强迫性的，是每一个学生乐于参与的、竞争性和激励性为一体的评价过程。成功体验可以使人产生良好的心理体验，增强人的自信心、自尊心和进一步学习的动力。

第五，当今世界呈现多元化发展趋势，各种思想不断发生冲突和融合，教育环境越来越复杂。加强德育是各学科落实立德树人根本任务的重要路径。2016年12月，习近平总书记在全国高校思想政治工作会议上指出，"高校立身之本在于立德树人""要坚持把立德树人作为中心环节，把思想政治工作贯穿教育教学全过程，实现全程育人、全方位育人，努力开创我国高等教育事业发展新局面"；2017年10月，党的十九大报告中指出，"要全面贯彻党的教育方针，落实立德树人根本任务，发展素质教育，推进公平教育，培养德智体美全面发展的社会主义建设者和接班人"；2021年教育部颁发的《〈体育与健康〉教学改革指导纲要（试行）》中，提出"落实立德树人根本任务，树立'健康第一'教育理念""帮助学生掌握1至2项运动技能，促进中小学生运动能力、健康行为、体育品德等核心素养的形成"；2022年10月，党的二十大报告中进一步指出，"全面贯彻党的教育方针，落实立德树人根本任务，培养德智体美劳全面发展的社会主义建设者和接班人"。从社会发展角度来看，立德树人是时代发展的要求，是社会主义物质文明建设的基础，能够为精神文明建设提供指导。社会发展需要法律制约和道德约束，要想提高道德品质，养成良好的道德行为习惯，需要加强道德教育；从教育改革发展的需要来看，随着新课改的深入和学校教育改革的发展，德育已经成为学校教育改革的"主旋律"。学校是培养人才的重要场所，为了顺应时代发展要求，促进学生全面发展，应当积极进行教育改革和创新，在立德树人教育理念的指导下，构建完善的德育教育体系，将立德树人思想与各学科教学有机融合；从学生成长与发展的需要来看，学生正处于价值观形成的重要时期，由于思想发展尚未成熟，对周围的新鲜事物有着浓厚的探索欲和好奇心，容易产生叛逆心理，也容易受到一些不良思想的干扰，在传授知识和技能的同时，必须要加强德育教育，通过将立德树人思想与各学科教学融合，提高学生的道德认知水平，帮助他们形成正确的价值观和是非观，促进他们全面健康发展。

新中国成立以来，学校体育的发展历程是一种历史的选择，是受整个社会文化环境因素制约的结果。这种历史性选择，在各阶段学校体育制度性文件中，呈现为不同时期的不同表述，但我国各级学校历来的教学大纲都明确规定，学校体育的目的是增强学生体质，促进学生身心发展，培养德、智、体全面发展的社会主义建设者和保卫者，同时又提出了为实现此目的必须完成的三项基本任务：(1) 增强学生体质；(2) 传授"三基"；(3) 思想品德教育。这些都是我国学校体育发展的历史阶段，极大程度地推动了学校体育研究的不断深入和学校体育的实践发展。

结合上述必须遵循的一些基本的政策、要求与发展趋势，开展脚斗士教学基本任务主要有从"体质中心"到"三基"的知识本位、社会本位，从"三维健康"到"核心素养"的知识、社会、个人三位一体发展，围绕"以人为本""立德树人""健康第一"落实教学工作。

（一）掌握脚斗士运动知识，形成运动技能

脚斗士运动项目具有体育文化的基本特征。学习这项运动，就要学习它的文化，也就是这项运动的基础知识。包括它的起源、基本技术、战术、竞赛规则，以及运动损伤的预防等。体育运动学习的第一特征是运动实践，掌握体育运动的基本技能是其基本要求。在体育领域中的运动技术（简称技术）是指合理有效地完成动作的方法。其中合理有效是指运动技术应符合规则的要求，特别是应该符合人体运动的规律，运动技能就是掌握与运用运动技术的能力。

人是怎样掌握运动技能的呢？做正确的重复练习！这里有一个规律就是运动技能形成规律。运动技能形成规律是指学习运动技术、形成自己的运动技能需要经过的三个阶段。

第一个阶段是"泛化"阶段。在"泛化"阶段学习中，人的动作技术经常展现出粗糙、不协调、运动节奏不合理等问题。此时，学习者不应该急于求成，首先应该把动作节奏放慢、做对，就像电影里的慢动作一样，努力加强动作的记忆（学习运动技术也需要记忆）；其次，降低练习的要求，例如脚斗士的上挑技术，可以先面对固体物体进行练习，再面对有行动能力的对手进行练习。在"泛化"阶段学习中，应树立学习的信心，相对忽视技术细节等难以掌握的部分。

第二阶段是"分化"阶段。在"分化"阶段学习中，人表现出的动作技术已经比较协调，节奏也基本掌握了。但是，在比较复杂的情况下，例如表演或有人观看的情况下，技能的稳定性可能表现得不太理想。在这个阶段，应继续重复练习，不断完善技术，重视技术的整体性。

第三阶段是"自动化"阶段。在"自动化"阶段学习中，人表现出的动作很协调，动作节奏正确，可以不去刻意"回忆"技术，就可以"自动化"地展示出来，可以体验到动作的美感。当达到这个"最高境界"时，还应该不断加强练习，注意技术的细节，使之展示得更加完美。

因此，通过上述三个阶段，学生须在理论上了解脚斗士运动的原理，实践上明晰脚斗士运动的技术联系和竞技比赛的方法；在学习的时候要掌握脚斗士运动的各种技术，保证在参加脚斗士运动的时候能够应用自如；能够判断脚斗士动作的正确与否；了解和掌握脚斗士运动的规则（正规竞赛规则）；在训练和比赛当中能够自我约束自己的动作及行为。值得注意的是，从健身的角度看，掌握技能的学习过程没有健身锻炼那样的具体的练习时间和练习强度的要求，也就是说，掌握技能的学习与健身锻炼的过程与目标是有区别的。掌握技能的学习是健身锻炼的手段。不要以为学习运动技术就等于锻炼了身体。在技术学习和健身锻炼两个方面，应该强调，锻炼是第一位的，掌握脚斗士的技能应该是为健身服务。

（二）增强学生的身体素质，提高运动能力

学校体育教学开展脚斗士运动项目的基本任务之一是增强学生的身体素

质与运动能力。体质是人在遗传和后天获得的基础上所表现出来的人体形态结构、运动机能和适应能力的综合的相对稳定的特征。人体形态结构主要指人的体格、体形和身体的姿态，运动机能主要包括人的身体素质和与人的运动能力有直接关系的心肺机能，身体素质主要包括速度素质、耐力素质、力量素质、柔韧素质和灵敏素质。身体素质好表明人的运动能力强。但是，现代社会更关注人的耐力素质、力量素质和柔韧素质，合称之为健康体能。因为这三项素质与人的寿命有关，与学生的生活质量和学习质量也有直接关系。经常参加科学锻炼的人，健康体能和心肺机能都比较好。人体的适应能力主要表现为对疾病的抵抗能力和对环境的适应能力。锻炼可以明显提高人体的适应能力。

人的体质增强与人体具有的适应性规律有关。现代运动科学认为，人体的适应性规律具有四个特点，即普遍性特点、特殊性特点、异时性特点和持续性特点。普遍性的特点是指人的运动适应性是普遍存在的。特殊性的特点是指不同性质的运动刺激产生不同的运动适应。异时性的特点是指人对不同性质的运动刺激产生的运动适应时间是有差异的。持续性的特点是指人对产生的运动适应如果不保持持续、适宜的运动刺激，它是会消失的。对于人体的适应性规律及其四个特点，我们应全面认识，正确理解。在锻炼中，以脚斗士运动为手段，教学中细心体验和实践，可以不断地、全面地增长自己的健康体能，使体质得到增强。

学生体质的增长与科学锻炼有关，特别是在锻炼的过程中应坚持科学的运动负荷。运动负荷是指人在运动中所完成的客观的工作量，一般包括运动量和运动强度。其中，运动量是指完成运动的距离、时间、练习的次数等，运动强度是指在单位时间里完成的运动量。因此，单位时间里完成的运动量越大，运动强度就越大。身体负荷是指人在运动中身体所承担（感受）的工作量。一般包括身体负荷的量和身体负荷的强度。其中，身体负荷的量用运动时的心率（总量）来描述，身体负荷的强度一般用单位时间里的心率来描述。一般而言，单位时间里的心率越高，身体负荷强度就越大，人就会感到更累。那么，什么是适合学生自身的身体负荷呢？这就是健康负荷。健康负荷是指在大众健身锻炼中能有效发展健康体能又可以使运动风险降为最低的身体负荷。它有一定的身体负荷区间，上限一般要求每分钟脉搏不超过160次，下限一般不低于每分钟脉搏110次。由此可知，选择脚斗士运动为教学内容时，应该注意运动的时间、次数等。这种活动在体育教学中应该是增强体质的手段,而不是目的,增强学生体质才是目的。

(三) 促进学生身心健康,增强社会适应

教育领域中体育的价值不仅是强身健体,还有重要的教育价值,包括促进学生的心理健康与提高学生的社会适应能力。促进心理健康,必须先要认识身心发展的关系,了解体育活动对青少年心理健康的良好促进作用。同时通过脚斗士运动的学习与竞赛,正确理解体育活动与自尊自信的关系,培养强烈的爱国主义、浓厚的集体主义以及敢于竞争、勇于挑战的意志品质;学会通过体育活动等方法调控情绪;提高学生社会适应能力即使学生通过脚斗士运动的学习,建立和谐的人际关系,具有积极参与体育活动的态度和行为,具有良好的合作精神;学会获取现代社会中体育与健康知识的方法。

(四) 落实"立德树人",挖掘脚斗士育人价值

党的十九大报告指出,要贯彻落实党的基本教育方针,以"立德树人"为根本任务,实现素质教育的全面发展。"立德树人"根本任务的提出,要求学校在教学过程中以德为先,在体育教学过程中不仅要重视学生专业运动技能的获得,更重要的是引导大学生树立正确的价值观与世界观。长期以来,很多人只认识到"体育"作为"体"的一方面,而忽视了"育"的功能。体育对学生的人格发展具有重要作用,正如蔡元培先生提倡的"完全人格,首在体育"。体育在"立德树人"方面具有先天优势,学生通过体育练习与运动竞赛可以磨炼意志,养成遵守规则、团结协作、奋斗进取的良好品质。校园内的体育活动还可以增进体育文化素养、营造校园体育文化氛围,使大学生在思想品德、审美情趣、人格塑造等方面得到潜移默化的影响。因此,新时代背景下,学校体育要充分挖掘体育育人的独特价值,结合课程思政建设积极发挥其在"立德树人"方面的特殊作用,为教育强国建设提供有力支撑。

脚斗士运动是中华民族在长期发展过程中逐渐凝聚起来的思想道德和民族精神的重要部分,其所蕴含的爱国、包容、进取、友善等精神价值,对当代学生的思想道德理念的提升具有重要作用。脚斗士运动在设计中充分地借鉴和吸收了很多优秀项目的精髓,脚斗士运动规定在比赛之前通过双方膝盖的轻微碰触来表达对对手的尊敬(即"触膝礼"),这一礼节不仅表现出了对手间的尊重,还体现了谦虚、互学的高尚品格和胜不骄、败不馁的价值取向。脚

斗士运动作为身体直接对抗的搏击类体育项目,倡导"敢于挑战对手、敢于挑战自我"的精神。在训练和比赛中,要克服无氧呼吸带给肌体的不适感,要勇于战胜对手,唯有凭借不屈不挠、坚韧顽强的意志,才能不断战胜自身的软弱,达到超越对手、超越自我的境界!进行脚斗士运动,可以培养吃苦耐劳的意志、坚韧不拔的精神,以及刚毅、正直、果断的品质。

第二节 脚斗士教学原则与方法

体育教学原则是指导体育教学活动的基本准则,它对体育教学内容、教学方法、教学组织形式、教学评价等的设计与运用起着指导作用。我国体育教学原则的发展经历了一个从无到有的繁衍发展的历程,大抵经历了学习借鉴与引进时期、渐成体系与相对稳定时期、课程改革与创新时期3个阶段。不同的历史时期分别构建了不同的体育教学原则体系。体育教学方法是教师和学生为实现体育教学目标采用的教学活动方式和手段的总称。教学方式是教学方法的细节或构成部分,是一连串的独立完成某项教学任务的教学活动。随着"以人为本、健康第一"学校体育教育指导思想的深入,以及"坚持'五育'并举,全面发展素质教育"的学校体育全面育人思想的不断完善,体育教学原则与方法的确立与选择也更加注重体育的健康效应,从关注生物的人到关注人的生命、从关注片面发展的人到关注全面发展的人,运用不同的教学原则与方法完成教学任务。

一、脚斗士教学原则

(一)合理安排负荷原则

1. 合理安排身体活动量原则的含义和依据

合理安排身体活动量原则,是指在体育教学中必须要体现体育教学的本质特点——身体活动性,还要使学生身体所承受的运动负荷有效、合理,以满足学生锻炼身体和掌握运动技能的需要。合理安排身体活动量原则是依据体育教学的本质特点和体育教学需要适宜运动负荷的规律提出的。在脚斗士教学中,无论是锻炼学生的身体,还是使学生掌握脚斗士运动技能,都依赖于一定的身体大肌肉群活动。科学的身体活动过程是学生锻炼身体和掌握运动技能的基本过程,因此必须在脚斗士教学中保证学生有足够的身体活动量。当然,脚斗士教学中学生的身体活动量也不是越大越好,而是要适宜。这个适宜是指要与脚斗士教学的目标、脚斗士教学内容和学生的身体发展相适宜。过大的运动负荷不仅不能增强学生的体质,反而会给学生的健康造成损害;而过小的运动负荷,则难以对锻炼学生身体和学生脚斗士运动技能的掌握发挥作用。

2. 贯彻合理安排身体活动量原则的基本要求

在脚斗士教学中贯彻合理安排身体活动量原则的基本要求有如下几点:

(1) 身体活动量的安排要服从脚斗士教学目标。合理安排身体活动量为的是实现特定的身体锻炼和技能掌握。教师既不能忽略运动量对实现脚斗士教学目标的决定性作用,也不能忽略各种特殊课型的需要而一味地追求大运动量。

(2) 身体活动量的安排要服从学生的身体发展状况与发展需要。身体运动量的科学性既体现在学生的身体发展性,也体现在对学生身体的无伤害性,而这些都取决于学生的身体发展情况。教师要合理地安排身体活动量,就必须了解学生身体发展各个阶段的特点,了解学生身体发展的科学原理,了解脚斗士运动的特点等,就是我们常说的备课时要"备好学生"。

(3) 要通过科学的教程、教材和教法设计来合理地安排身体活动量。脚斗士运动项目及其中的身体练习多种多样,有的运动量大,有的运动量小,有的运动强度大,有的运动强度小,因此在设计脚斗士教学内容时,要考虑到运动量的问题,要进行合理的搭配和必要的教材改造。因为教学过程是"学习—练习—发展"的过程,教程的各个阶段有着不同的任务和特点,因此,还要根据教学过程的不同阶段的特点来很好地安排运动量。教法是调节运动量最方便的手段,根据情况随时调整运动量和运动强度是必要的。如通过练习方法顺序的改变、分组的改变、运动强度的改变等调整运动量都是很好的方法。

(4) 要因人而异地考虑运动量在脚斗士教学中的调整。首先要从学生的整体情况来考虑,然后还要进行因人而异的调整,教师要根据所了解的学生身体强弱等具体情况来因材施教地安排运动量,要把整体要求和区别对待结合起来。

（5）要逐步提高学生进行自我控制运动量和自主运动的能力。体育教师在脚斗士教学中要加强锻炼原理和运动负荷以及运动处方等有关知识的教育，教会学生一些自我判断运动量和调整运动量的常识，以便他们在自主性的运动中能够把握好自身的运动量，并逐步学会锻炼身体的方法。

（二）提高运动技能原则

1. 促进运动技能不断提高原则的含义和依据

促进运动技能不断提高的原则是指在体育教学中要不断提高学生的运动技能，提高学生的运动成绩，实现有效的体育教学。促进运动技能不断提高原则是依据较好地掌握运动技能有利于参与终身体育的规律和体育教学条件下运动技能形成规律提出的。掌握运动技能既是体育学科"授业"之本职，也是体育学科"解惑"的重要基础，掌握运动技能还是锻炼学生身体、发展学生运动素质的途径，更是学生体验运动乐趣和掌握体育锻炼方法的前提。因此，不断地提高学生的运动技能是体育教学的最基本要求，是判别体育教学是否有效和高质量的标准，也是判别体育教师教学能力的标准。

2. 促进运动技能不断提高原则的基本要求

在脚斗士教学中贯彻促进运动技能不断提高原则的基本要求有如下几点：

（1）要正确认识脚斗士运动技能提高在脚斗士学习中的重要意义，掌握运动技能是掌握体育锻炼方法的前提。体育教师要充分认识运动技能在脚斗士教学中的重要性，认真搞好运动技能教学。千万不能在运动技能掌握上"蜻蜓点水"和"低级重复"，不能让学生在经过脚斗士学习后对脚斗士运动技能一无所知。

（2）要明确脚斗士运动技能学习的目的，有层次地掌握脚斗士运动技能和提高技能水平。学生掌握运动技能与运动员不同，主要是为了娱乐和健身，因此，脚斗士教学中的运动技能传授要树立"健康第一"和为学生终身体育服务的思想，要围绕"较好地掌握1～2项常用的运动技能""初步掌握多项可能参与的运动技能""掌握作为锻炼身体基本方法的运动""体验一些运动项目"等不同运动技能提高的目标，循序渐进地让学生通过脚斗士教学掌握他们终身体育锻炼所需要的运动技能。

（3）要钻研"学理"和"教法"，提高教学质量，要让学生很好地掌握脚斗士运动技能，就必须摸清掌握脚斗士运动技能的规律，特别是在体育教学条件下的脚斗士运动技能掌握规律。体育教学的时间相对有限、学生众多、教学场地和器材有限，这些条件与运动员训练和学生自由运动的条件相差甚远，因此我们必须研究脚斗士教学中的技能提高途径和规律，这就是"学理"研究和根据"学理规律"的教法研究，这类研究的积淀是制订科学的脚斗士课程以及提高脚斗士教学质量的前提和保证。

（4）要创造提高脚斗士运动技能的环境和条件。要让学生很好地掌握运动技能，还必须创造良好的技能学习条件，这其中既包括教师自身的运动技能和教学技能水平，也包括对场地器材的设置和对教学环境的优化，还包括组织学生进行相互交流、相互评价等。

（三）体验运动乐趣原则

1. 注重体验运动乐趣原则的含义和依据

注重体验运动乐趣原则是指在体育教学中让学生在掌握运动技能和进行身体锻炼的同时体验运动的乐趣，以使学生喜爱运动并养成参加运动的习惯。注重体验运动乐趣原则是依据游戏的特性和体育教学中运动情感变化的规律提出的。体验乐趣是人从事身体运动和体育比赛的重要目的，乐趣是体育的特质，通过体育教学让学生体验到运动的乐趣，满足学生对运动乐趣的追求是必要的。让学生体验运动乐趣还是优化体育教学的手段，因为体育是学生的学习活动，而学生只有不断地体验到运动和学习的乐趣，有了良好的成功体验，他们的学习动机才能被充分地调动，身心愉悦的体育学习才是高质量的体育学习。

2. 贯彻注重体验运动乐趣原则的基本要求

在脚斗士教学中贯彻注重体验运动乐趣原则的基本要求要做到如下几点：

（1）要正确理解和对待脚斗士运动中的乐趣。每项成熟的体育运动项目都有其固有的乐趣，这些乐趣来自该项运动特有的运动和比赛特征，我们必须正确地理解和对待它们。我们既不能无视它们的存在，也不能盲目地去追求。我们要从"目标"和"手段"两个层面去深刻地理解脚斗士运动中的乐趣。

（2）注重"从学生的立场去理解脚斗士教材"。教师和学生对运动的理解有时并不相同,教师往往从"教育"和"传授"的立场来看待教材,而学生往往从"乐趣"和"挑战"的立场来看待教材,我们需要把两者紧密结合起来,把"脚斗士学习"和"体验运动乐趣"紧密地结合起来。

(3) 要让每个学生都能不断地获得成功的体验。体育是一项与学生身体条件密切相关的文化活动,而学生们的身高、体重、运动能力天生就有着很大的差别,因此有一部分学生在脚斗士活动和学习中很容易体验到"劣等感"和"挫折感"。我们必须通过对脚斗士运动的加工和教法的改变(如改变比赛条件、规则等),让每个学生都有机会体验到参与脚斗士运动的成功乐趣。

(4) 要处理好体验脚斗士运动乐趣与掌握脚斗士运动技能的关系。在体育教学中,既要让学生掌握好运动技能,又要让学生在体育教学中享受到体育锻炼和体育学习的乐趣,二者要很好地统一起来。在教学内容安排中,既要有一些趣味性很强或学生容易体验到乐趣的内容,也要有一些趣味性不太强或学生不容易体验到乐趣的内容。在教学意义方面,同样也要有教学意义很强的教学内容和教学意义不太强的教学内容。因此,在脚斗士教学中,我们应该首先把"趣味性强和教学意义强"的脚斗士教学内容作为重点。与此同时,对于"教学意义强但趣味性差"的必须要教的那些脚斗士教学内容,附加上一些充满乐趣的因素,使脚斗士教学过程更有趣。当然,也不能一味追求趣味化而放松了脚斗士运动技能的教学,影响了教学质量。总体而言,在脚斗士教学中,学生只有学好了脚斗士运动技能,才能更好地体验脚斗士运动的乐趣;只有体验到脚斗士运动的乐趣,才能够进一步激发学习脚斗士运动技能的热情。掌握运动技能与体验运动乐趣是不可厚此薄彼的,要正确理解它们之间的相辅相成的关系,不要将它们对立起来。

(5) 要开发多种有利于学生体验乐趣的脚斗士教学方法。在教学中,教师要在重视传授教学方法的同时,善于采用多种方法来帮助学生体验脚斗士运动的乐趣,如采用游戏法、挑战性练习法、分组总分比赛法、领会教学法、发现式教学法等教学方法,通过情节化、游戏化、竞赛化、生活化、变形化、文学化等多种手法,让学生能够充分地、平等地体验到脚斗士的学习、运动、挑战、交流和创造的多种乐趣。

(6) 体验乐趣不忘"磨炼",体验成功不忘"失败"。"磨炼"往往是体验乐趣的必然过程,"失败"则往往是成功之母。我们在脚斗士教学中重视让学生体验运动乐趣的时候,千万不能忽视"磨炼"和那些有意义的"挫折"和"失败",更不能一味地迁就学生的兴趣,用休闲和玩耍来代替脚斗士运动中的乐趣。

(四)贯彻因材施教原则

1. 因材施教原则的含义和依据

因材施教原则是指在体育教学中要贯彻"面向全体学生"的精神,根据每一个学生的具体情况,实施各不相同的、有针对性的教育,使每一个学生的运动技能和身心健康都能在各自的基础上得到充分的发展。因材施教原则是依据体育教学受制约于学生身心发展的特点规律提出的。学生身心发展在一定年龄阶段虽然具有一定的稳定性和普遍性,但是由于每个学生的发展受各种变因的影响,同一年龄段的学生的身心发展又表现出很大的差异性,犹其是在运动方面。因此,体育教学必须充分考虑这些个体的差异,坚持因材施教的原则,争取使每个学生都得到平等的教育和充分的发展。

2. 因材施教原则的基本要求

脚斗士教学中贯彻因材施教原则的基本要求有如下几点:

(1)在脚斗士教学中要贯彻因材施教原则,首要是深入细致地研究和了解学生。了解学生的个体差异情况,为进行因材施教的教学做好准备。充分地了解和研究学生是良好教学的基础和出发点,教师可通过问卷调查、查阅资料和询问班主任等方法对学生进行细致了解,弄清学生在身体条件、兴趣爱好和运动技能等方面存在的个体差异,并对这些个体差异进行全面的分析,在此基础上考虑区分教学的对策。对于学生的个体差异,还要持有发展的眼光,不能用静止的眼光看待学生。

(2)在脚斗士教学中要贯彻因材施教原则,要合理看待和引导学生正确对待个体上的差异。教师要告诉同学们不能歧视身体条件比较差的学生,同时教师也不能偏爱身体条件比较好的学生,并告诉同学们:人在各个方面存在个体差异是很正常的事情,特别是在身体和体育方面,同学们不要因为这些差异而沮丧,也不能因为这些差异而自满,大家都有自己的发展目标和努力方向。同时还要告诉学生用发展的眼光来看待个体间的差异,引导学生要互相帮助、互相学习、互相评价等。通过这样的活动和教育,师生在思想上能够正确对待个体差异。

(3)在脚斗士教学中,教师要采用各种教学组织形式创造因材施教的条件。如采用各种类型的"等质分组"(按体能分组、按身高分组、按体重分组、按技能水平分组等)的形式来进行区分教学;对身体条件和运动技能有缺陷的同学要"开小灶",给予热情关怀和照顾;对身体条件和运动技能都好的学生,也要为他们的进一步发展创造条件,提出更高的要求,从而保证全体学生都能有进步,使每个学生都能体验到脚斗士学习和成功的乐趣。

(4) 要采用各种脚斗士教学方法进行因材施教。因为有些脚斗士教学的场合是不能通过进行"等质分组"来实现差异化教学的,此时教师可用"1分钟前移步""2分钟弹推"等教学方法,既能让每个学生拥有自己的挑战目标,去实现自身的突破,又能与更强者一起同场竞技。

(5) 要把因材施教与统一要求结合起来。统一要求面向多数学生,而因材施教面向全体学生;统一要求是客观标准,而因材施教是主观评价标准;统一要求与学习管理有关,而因材施教与学习自觉性有关。但是无论怎样讲,统一要求和因材施教都是脚斗士教育的目标和手段,两者皆不可偏废。

脚斗士运动教学原则反映了脚斗士教学的客观规律,它建立在人们认识规律的基础上,是对脚斗士长期教学经验进行的概括和总结,是脚斗士教学工作必须遵循的基本要求和准则。正确理解和贯彻脚斗士教学原则,能使脚斗士授课教师进一步掌握和运用脚斗士教学过程中的客观规律,对明确教学目的、选择与安排好教学内容、正确地运用教学方法、提高教学效果、加速脚斗士教学进程、完成脚斗士教学任务大有裨益。随着经济的发展、社会的进步、脚斗士教学实践的深入发展,脚斗士理论的研究成果也有了与之相适应的进展。作为指导脚斗士教学实践的教学原则也不断得到充实和完善。

二、脚斗士教学方法

体育教学方法是根据各种教学方法的性质、功能,加以划分、归类,并建立一定序列的教学方法体系。正确的分类方法有利于从整体上把握不同教学方法的特点、作用和使用范围,有利于正确地选择和有效地使用。关于体育教学方法的分类有以下几种依据。第一,依据师生双边活动来分类,可把体育教学方法分为教授法和学习法;第二,依据学生获得知识和能力的主要途径和来源分类,把体育教学方法分为语言法、直观法与练习法三大类;第三,依据教学目标,把体育教学方法分为传授与掌握体育基本知识和技能的方法、发展学生体能的方法、加强学生思想品德教育的方法三大类。

学习脚斗士运动,发展健康体能、掌握运动技能是基本的教学任务,需要运用练习的方法来实现；学习脚斗士运动也要学习相关的知识，需要运用讲解的方法来实现；学习脚斗士运动需要关注学生的情感、兴趣，发展学生的社会性，需要运用游戏的方法来实现；学习脚斗士运动需要培养学生勇猛顽强的意志品质和战术运用的能力，需要运用比赛的方法来实现。

（一）讲解示范法

讲解法是教师通过简明、生动的口头语言向学生系统地传授体育知识、向学生传授运动技能的方法。所谓讲解法，是脚斗士教师运用逻辑分析、论证，形象的描绘、陈述，启发诱导性的设疑、解疑，使学生在较短的时间内清晰地获得全面而系统的知识的手法。好的讲解法不但能把道理说明白，还能将知识掌握、思想教育、智力发展、情操陶冶等有机地结合起来，成为学习的整体，上升为教学的艺术。由于语言无处不在，讲解法自然是一种主要的教学方法，其他的教学方法也都依托于讲解法。然而，由于脚斗士教学的特点，在脚斗士教学过程中不能过多地使用讲解法，不能形成"满堂说"和"满堂讲"的局面，要"精讲多练"，但是也不能"只练不讲"，因为"既懂又会"的教学目标要求有高超的讲解水平。"精讲"才是恰到好处的讲解方法。

动作示范法是教师（或教师指定的学生）以自身完成动作作为范例，用以指导学生进行学习的方法。动作示范法是脚斗士教学中最常用的直观方法，它在帮助学生了解所学动作的表象、顺序、技术要点和领会动作特征方面具有独特的作用。轻快优美的动作示范还能激发学生学习的兴趣，增强学生学习的自信心。

1. 动作示范的"示范面"

由于脚斗士运动动作的多样性，因此动作示范更要注意"示范面"的问题。示范面是指学生观察示范的视角，也包括示范的速度和距离等要素。示范面有正面、背面、侧面和镜面。（1）正面示范：教师与学生相对站立所进行的示范是正面示范，正面示范有利于展示教师正面动作的要领，如脚斗士前移步动作，多用正面示范。（2）背面示范：教师背向学生站立所进行的示范是背面示范，背面示范有利于展示教师背面动作或左右移动的动作，以及动作的方向、路线变化，以利于教师的领做和学生的模仿，如脚斗士后移步教学就常采用背面示范。（3）侧面示范：教师侧向学生站立所进行的示范是侧面示范，侧面示范有利于展示动作的侧面和按前后方向完成的动作，如脚斗士摆膝动作。(4)镜面示范:教师面向学生站立进行的与同学同方向的示范是镜面示范,镜面示范的特点是学生和教师的动作两相对应,适用于简单动作的教学,便于教师领做、学生模仿,如脚斗士跳转步。

2. 动作示范法的几个要素

(1)速度:为了帮助学生建立完整正确的动作表象,教师注意根据情况运用不同的速度进行示范。一般的情况可用常规的速度进行示范;但当需要突出显示动作结构的某些环节时则应采用慢速示范。

(2)距离:应根据完成动作示范的活动范围、学生人数、安全需要等恰当地选择学生观察动作示范的距离。

(3)视线:学生视线与动作示范面越接近垂直越有利于观察。在多数学生以横队形式观察示范动作的情况下,越靠近横队两端的学生,其视角就越难接近垂直。因此,学生观察示范动作的队形不宜拉得太宽。学生多时,应让学生排成若干排横队观看示范,并避免横队前排的学生遮挡后排学生的视线。

(4)视线干扰:应注意让学生背向或侧向阳光直射方向和风向,以避免视线干扰,便于观察。

(5)多媒体配合:示范应与讲解、学生思维等紧密结合,争取取得最好的动作示范效果。

(二) 重复练习法

重复练习法是指不改变表面负荷(外部)数据和动作结构的基础上,进行反复练习的方法。

重复练习方法主要目的是发展学生的健康体能,学习与掌握运动技能。它是体育领域最基本的学习方法,其他的练习方法基本上是在这种方法的基础上"加加减减"而成的。在脚斗士的基本脚步练习与基本技术练习中,应合理运用重复练习法,重复正确的动作,根据教学任务,把握好练习的时间、强度与次数。

(三) 循环练习法

循环练习法是指根据教学任务和要求,选择若干个练习,分别设置在若干个作业点,要求学生在每个作业点上完成规定的练习和负荷,一个点接一个点进行轮换练习的一种方法。这种方法既可以促进学生体能的发展,也可以提高学生掌握脚斗士技能的效率。但是,不管是以发展学生的体能为目的,还是以掌握脚斗士技能为主要目的,开展循环练习之前都应确定学生已掌握基本技能。循环练习法包括轮换式循环练习法和流水式循环练习法。轮换式循环练习法是将学生分成若干小组,分别在各个作业点上练习,到一定的时间后进行轮换的方式。流水式循环练习法是组织全体学生按照不同的作业点的要求依次进行练习的方法。

运用循环练习法时应注意:首先,选择作业点的数目,各作业点练习的内容、次数、组数、间歇时间,以及循环的总次数等,应根据发展体能的任务、学生特点进行科学设计并能够提出简明的定量、定时、定性的要求。各作业点规定的练习内容,应简便易行、实用有效而且已被学生基本掌握。其次,作业点一般选择8个左右,各作业点的练习顺序应尽可能使练习的难易和负荷相互交替。最后,应重视动作质量,防止求速度、走过场的倾向,要严格管理、严格要求,教师应及时指导、检查和评价练习的质量。

(四) 变换练习法

变换练习法是指在负荷或练习形式变化的条件下进行练习的方法。常见的变换方式有变换练习的速度、变换练习的重量、变换脚斗士脚步练习的形式、交替进行脚斗士技术的练习、为了打比赛而变换脚斗士练习的环境和条件等。变换练习方法对提高中枢神经系统的调节功能,提高人体对不断变换的练习条件的适应能力,应对对手的不同特点与挑战以及从事脚斗士学习的积极性都有重要的意义。

(五) 游戏与竞赛法

游戏与竞赛练习法是教师以游戏的方式组织学生进行练习的方法。游戏与竞赛练习法有一定的情节和思想性,能引人入胜;同时又具有竞争性和娱乐性,能促使参加者积极主动进行练习。在进行竞争时,常有较大的运动负荷,这有利于发展学生的体能,培养学生的意志品质。在竞赛中,学生要学习和运用脚斗士的规则和战术,充分发挥个人与集体的才智和创造力,提高学习的兴趣,增加参与的机会,发展人的社会性。

运用游戏与竞赛练习法应注意:第一,选择游戏与竞赛的内容与形式,应根据发展体能的需要,要有明确的目的。第二,应要求学生严格遵守规则,并在规则允许的范围内,发挥自己的主动性和创造性。第三,游戏与竞赛分组应双方实力均等,在游戏与竞赛时,裁判员应认真、严格、公正、准确。第四,要注意安全,尽力避免意外的伤害。第五,要坚持脚斗士运动的礼仪,使每一次游戏与竞赛都成为学习脚斗士文化的过程。第六,重视语言的运用,要巧妙、正确、富有情感。第七,应布置好游戏的场地与器材,加强游戏的组织工作。游戏结束时,要做好讲评,指出学生的优点与缺点。

随着时代的发展,体育教学方法与手段呈现出不断变化与充实的趋势,改革越来越强调教育理论与实践相结合,由单一趋向综合,并在实践中得到验证。开展脚斗士教学,教师不能对传统教学方法抱残守缺,更不能对现代教学方法画蛇添足,需要的是把这两者结合起来,不断提高教学技能的艺术,引导学生积极参与脚斗士学习与锻炼。

第三节　脚斗士教学模式与设计

教学模式是在一定教学思想或教学理论指导下建立起来的较为稳定的教学活动结构框架和活动程序。教学模式作为结构框架突出了把握教学活动整体及各要素之间内部关系的功能,作为活动程序则突出了教学模式的有序性和可操作性。而教学设计是根据课程标准的要求和教学对象的特点,将教学诸要素有序安排,确定合适教学方案的设想和计划,一般包括教学目标、教学重难点、教学方法、教学步骤与时间分配等。目前就具体体育教学模式而言,类型较多,如乔伊纳和韦尔在《教学模式》一书中将教学模式归为4大类23种,吴志超等在《现代教学论与体育教学》一书中归纳出5种当今世界有影响的教学模式,毛振明在《关于体育教学模式研究》一文中将体育教学模式归纳为10类,李杰凯在《体育教学原理与教学式》一书中将体育教学模式分为3大类等等。如此多的体育教学模式各有建树,本书依据教学模式分类的理论,结合脚斗士教学的特殊性,在总结我国体育教学模式研究成果的基础上,提出适合脚斗士教学的三种模式,并以创设情境教学模式为例进行教学设计。

一、脚斗士教学模式

(一) 技能掌握教学模式

该模式经常被称为"传统的体育教学模式",这种模式主要受苏联传统教学理论的影响,是一种主张遵循运动技能掌握的规律性来安排教学过程的教学模式。它主要依据运动技能的形成规律设计,是以系统地传授运动技能为主要目的的体育教学过程。教学的单元设计以某一运动技术教学为主线,以达到目标的难度来判断单元的规模,多采用中大型单元,单元教学内容的排列主要以技术的难度为顺序。教学课的设计以某个技能的学习和练习为主线,注重练习的次数和必要的运动负荷安排,主张精讲多练,注重对运动技能掌握效果的评价。也有人称这种教学过程为"三段制教学",即在教学过程中主要采用准备部分、基本部分和结束部分三个固定教学阶段,以技能掌握的效果评价来评定学生成绩。技能掌握式教学模式的教学程序一般为:讲解示范——学生练习——教师指导——技评与达标。学生根据教师的要求进行练习,强调学生对于教师要求的执行以及动作的重复性练习。

(二) 小群体式教学模式

小群体教学模式也称小集团教学模式。是以提高体育教学质量、发挥学生的学习自主性、适应学生的个体差异、促进学生交往和社会性提高为目的,主要依据体育学习集体发展和发挥教育作用的规律而设计的。是在教师的周密设计下,根据班级学生情况和教学需要,将全班同学分成几个异质(或等质)的学习小组,在教学中的某个阶段进行以小组为单位的学习,最后组织小组间比赛,促进师生之间、同组同学之间、异组同学之间相互切磋与交流,从而提高教学效率的教学过程。一般在单元的开始,教师都要根据学生的年龄特点、性别特点、素质特点、兴趣爱好特点等,将学生分成若干个学习小组,而且要让各个小组推选组长,形成团队,还要求各小组根据教学的目标制定本组的学习目标。在单元的前半部分,教学一般以教师指导性较强的班级学习形式和小组学习形式为主,学习内容是全班一样的;而在单元的后半部分,教学一般以自主性较强的小组学习形式为主,各组学习的目标和内容是不尽相同的,此时,教师主要起指导、参谋和保证安全的作用;单元的前半段以学习活动为主,单元的后半段则以练习和探究活动为主;在单元结束时,一般有小组间比赛、小组内总结、发表感想和全班总结等教学步骤。

(三) 创设情境教学模式

情境教学是在教学过程中为了达成学习目标,从教与学的需要出发,引入或创设与教学内容相互适应的具体场景或氛围,通过学生良性的心理体验,使学生掌握学习内容,提高教学效率的教学过程。其中的情境是引起人情感变化的社会人文环境或者自然环境。

学习是一件快乐的事,也是一件艰苦的事。因此需要让学生既感到"学之切",又要感到"乐其业"。乐学是追求真理的动力,是智力发展的翅膀。《论语》认为:"学而时习之,不亦说乎"。其关注的是学习中的"乐学"问题,同时还认为,"知之者不如好知者,好之者不如乐之者"。捷克教育家夸美纽斯认为,学校"应当是一个快乐的场所",要让学生"能被一种不可抵抗的吸引力诱导着去学习"。美国的布鲁纳强调,"学习的最好刺激,乃是对学习材料的兴趣"。可见,教学中的快乐体验,既是学习进步的重要动力,也是学习的目的之一。情境教学正是调动学生良好的情感体验,满足学生学习中的情感需要,实践"寓教于乐"教学的重要载体。优秀的情境教学课不仅是理念实现,也是艺术实践。

教学过程也是控制和调试学生心理活动的过程。因此,教学不仅应该关注发展学生的智力因素,也要关注和调试学生的非智力因素。智力因素对于学生是比较稳定的能力;非智力因素是学生学习过程中最活跃的因素,是可塑性最强的因素。为了使非智力因素发挥到最佳,为了使脚斗士教学更适于学生的个性,更适合学生的年龄,更适合学生的性别,在有限的教学时空及条件中,创设"形真""情深""意远"的情境,进行情境教学就显得十分重要。

情境教学的基本方法是"蒙太奇"手法,"蒙太奇"手法是编制电影故事的基本方法。"蒙太奇"手法是"依照情节的发展和观众的注意力与关心程度,把一个个镜头合乎逻辑地、有节奏地连接起来,使观众得到一个明确、生动的印象或感觉,从而使他们正确地了解一件事情的发展的一种技巧。"利用"蒙太奇"手法于情境教学之中需要注意一些问题。首先,要抓住(围绕)教学重点(或技术重点),使教学的内容与学生的生活内容,或熟知的故事,或心理特点合乎逻辑地、有节奏地连接起来,从而使学生更好地理解教学内容。抓住教学重点,就是指围绕教学重点"叠加""故事情节"。进行情境教学不要喧宾夺主,喧宾夺主只能是"放羊式"教学,而不是情境教学。将情节合乎逻辑地、有节奏地连接起来,就是在教学过程中教师要善于控制教学情节的强度,在适当的时候,把学生需要感知的对象突出出来;其次,教师还要注意教学情节的背景,教学情节的背景要与需要突出的对象形成和谐的对比、逻辑的陪衬;再次,在体育教学中,教师还要注意动与静的搭配,使运动成为教学的主要形式,使运动与情节有机地结合。最后,情境教学模式核心问题是"入境"。即让学生不由自主地跟随教师,饶有兴趣地去亲身体验为教学活动所提供的特定境界。因此,"造境"就成为关键,甚至是一门艺术。"造境"在前,"入境"在后。

情境教学模式使用的主要方法是游戏法。游戏法的特点是:有一定的情节和思想性,能引人入胜;它同时具有竞争性和娱乐性;虽然有一定的规则,但是又鼓励学生充分发挥个人和集体的智慧;有较大的运动负荷。运用游戏法应注意有明确的目的,应根据教学的任务和学生的特点选用并周密细致地组织活动。教师应根据规则或要求、教学的内容、时间、场地的大小等条件,调节和控制好学生的运动负荷,因为学生们学习都比较兴奋(个别学生可能例外),运动负荷容易超量(个别学生可能不足)。注意对学生思想和智力的培养,教师在学生活动前,应讲清楚具体的要求;在活动中,应认真观察学生的表现,及时指导学生的练习,发展他们的智力并能适时地进行思想品德教育。游戏活动结束的时候必须进行讲评。

情境教学模式在脚斗士教学运用的基本教学程序是:设置情境——引发运动兴趣——体验情节和运动乐趣——还原"入境始于亲",这个"亲"应首先是教师的亲和力,或者说是教师与学生的一种"默契"、一种"缘"。情境作为客体存在于教学时空,如果它对主体没有足够的亲和力,那么,他便无缘与学生达成某种默契。而面对教学时空中的教师与学生来说,"亲"更是一种无遮无碍的心灵间的微妙碰撞,只有如此,学生才能因"达境"而"入境"。由此可见,教师与学生的融洽关系十分重要。这种关系甚至在课堂教学之外,是教师与学生长期"磨合"而形成的。没有这种关系,任何"甜蜜"的语言是不会产生作用的。

当前,随着大数据应用于教学,有学者指出运用大数据技术建构体育精准教学模式,有利于突破传统体育教学的诸多限制,对于增强我国学校体育教学信息化水平、推动体育学科教学的科学发展、提升与优化体育教学的质量和效果等都具有重要的价值意义。在脚斗士教学实践中应进行积极探索、深入研究与不断完善,才有利于构建适合脚斗士教学的精准教学模式。

二、脚斗士教学设计

(一) 教学设计工作原则

1. 对学生学习需要和发展需要的分析

进行脚斗士教学设计的首要工作就要认真分析体育教学系统的环境,其中最重要的内容就是对学生的学习需要和发展需要进行分析。只有在客观地分析学生学习需要和发展需要的基础上,才能提出合理的教学目标并进行科学的脚斗士教学设计。因此,脚斗士教学设计的首要工作就是要明确学生"为什么而学""为什么必须学"的问题。

2. 对学习内容的分析

脚斗士教学设计还要在对学生需要学习哪些知识和技能,要达到什么程度和水平,脚斗士教学的过程之中可以形成何种能力等进行分析。学习需要的分析与学习内容的分析密切相关。前者是学生"为什么而学"的问题,后者教师针对学生的学习和发展的需要决定"让学生学什么"的问题。

3. 对学生的分析

研究表明,教师对学生当前具备的知识技能的了解程度是教学成败的关键。因此搞好脚斗士教学设计,还必须分析学生在进入学习前的准备状况。这个准备状况包括:学生的身心特点、某项技能的基础等。

4. 教学目标的设计

在对学生的需要、学习内容和对学生自身情况分析的基础上,要对脚斗士教学目标进行设计和编写。明确制订脚斗士教学目标的方法和要求,明确而具体的教学目标是进行脚斗士教学策略的制订和脚斗士教学媒体的选择的指导思想,同时也为脚斗士教学评价提供了依据。

5. 教学策略的设计

脚斗士教学策略设计是教学设计的核心和重点。脚斗士教学策略主要研究下列问题:课的类型与结构、教学的顺序与节奏、教与学的活动、教与学的方法、教学的形式、教学的时空安排、教学活动实现对策等。脚斗士教学策略主要解决的是教师"如何教"和学生"如何学"的问题。

6. 教学媒体的设计

现代科技的迅猛发展为脚斗士教学提供了越来越多的教学媒体,现在可供选择的脚斗士教学媒体多种多样,我们应该根据脚斗士教学的需要选择最恰当的体育教学媒体。各种教学媒体各有所长和所短,没有对所有教学情境都适用的媒体,在教学设计时应遵循"经济有效"的原则来选择教学媒体。在完成脚斗士教学媒体选择以后,还要进行"教学媒体的设计",就是将教学内容与方法转换为印刷的或视听的等具体详细、具有可操作性的实施方案。

7. 教学过程的设计

通过以上三个环节和三个设计阶段的工作,即可着手设计脚斗士教学过程。可用流程图的形式,简明扼要表达各要素之间的互相关系,直观地表示脚斗士教学的过程,给教师提供了一个可供参考的教学设计方案。

8. 教学设计的评价

经过以上各个环节得到脚斗士教学设计的初步产品就是:脚斗士教学方案。但要确认设计的方案能否带来理想的教学效果?对学习需要、学习内容和学习者的分析是否准确?教学目标的确定是否合理具体?教学策略的设计是否合理恰当?教学媒体的选择与设计是否有效等问题,还必须对脚斗士教学设计的成果进行评价。评价可采用形成性评价,就是在教学设计使用之前,先在小范围试用,了解教学设计的可行性、有效性、实用性等。如果不能达到预期目标,则要修改设计方案,直至合理。

(二) 脚斗士创设情境教学设计及其要点(例)

情境教学是在教学过程中为了达成学习目标,从教与学的需要出发,引入或创设与教学内容相互适应的具体场景或氛围,通过学生良性的心理体验,使学生掌握学习内容,提高教学效率的教学过程。其中的情境是指对人引起情感变化的社会人文环境或者自然环境。教学是一个师生互动的过程。这个过程是一个有序的过程。其中的"序"根据不同的教学理念而不同。如果说学生的学习结果提供了教学的起点和终点,那么教学的顺序则是连接起点与终点的环线。由此,产生基本的教学设计模式。

情境教学基本的教学设计模式:学习概念与技能(内容)——课的目标——教学程序——导入性活动——发展性活动——总结性活动——评估/评价策略——资料/资源(如果需要就提供)。其中导入性活动、发展性活动和总结性活动是其教学的核心部分。导入性活动应该注意调动学生的注意力,进行"设置导入"。导入性活动可以是设置问题,也可以是设计教学环境。导入性活动应该告诉学生学习的结果及结果对学生的意义。这有利于提高学生的学习成绩和参与积极性。发展性活动应该帮助学生建立正确的概念和掌握技能。这些概念应该从实际中归纳出来。这些技能应该通过实践进行掌握。在这个过程中,提高效率的有效手段就是反馈,及时的反馈和过程评价在这里具有重要的作用。总结性活动是课程的结束阶段,应检查学生的学习结果,还原教学环境等。

情境教学模式的教学实践的评价主要关注几个要点:形式上的新异性、内容上的实践性、方法上的启发性、结果上的实效性。

1. 形式上的新异性

形式上的新异性是相对学生而言的,情境教学是通过形式上的新异性来吸引学生的。新异可以是环境的新异、语言的新异、设疑的新异、教师与学生角色扮演的新异、评价方法的新异等。需要注意新异是手段,使学生感兴趣是目的,在具体评价的过程中,通过对学生的兴趣和态度的调查、观察和访谈以及需求评估,可以了解脚斗士学习是否具有新异性。

2. 内容上的实践性

内容上的实践性是指脚斗士的情境教学应该以运动为基础,情境的设置应该有利于学生参与运动。脚斗士的情境教学模式源于教学的基本目标与实践,同时也源于一般教学模式的理论与实践。要服从于教学特定的教育目标。为了实现体育教学增强学生体质的目标,在脚斗士教学中必须具有一定的生理负荷,必须学习脚斗士的技能。因此,前述的"叠加"理论就显得十分重要且必要。在具体的评价过程中,对运动的密度和负荷的测量是重要的评价手段。应通过对学生的运动密度和负荷的测量来分析其运动的"质量"。

3. 方法上的启发性

方法上的启发性是指在脚斗士的教学中选用的教学方法应具有启发性。这跟情境教学的特性有关。因为情境教学就是在设置的新异环境中,用新异的问题来吸引学生,从而提高学生的学习兴趣与学习效率。新异的问题应该是有解的,但是不一定"直接"有解,需要教师的启发,需要同学通过教师的启发和从自身的实践得到启迪,从而获得学习的乐趣。因此,脚斗士教学设计中对教学方法选用、在教学过程中教学方法的运用技巧,都应该在与情境教学目标一致的条件下,认真设计、灵活运用,注重方法上的启发性。在具体的评价过程中,要观察和倾听,考察教师运用方法过程中是否具有启发特色、启发智慧,启发出学生的兴趣。值得注意的是,对脚斗士教学方法上启发性的评价是对学生而言的,不是对评课教师而言的。理解了这个问题,对提高评课的质量有重要意义。

4. 结果上的实效性

结果上的实效性是指脚斗士教学中体育学习目标与情境学习目标的实现。实现了这"二重"目标,就是有实效性。这个评价要点具有综合性,也是情境教学的终极评价。对于体育学习目标而言,应关注一节课中小单元的运动负荷是否合理,一节课的运动负荷是否合理。对于一个教学单元,在关注运动负荷是否合理的同时,应关注学生健康体能的提高,甚至身体形态的良性改变。对于情境学习目标而言,应关注学生的学习兴趣、知识获得,特别是对体育学习持续性的良好态度倾向。

在实际的体育教学中,体育学习目标的实现与情境学习目标的实现是相辅相成的。体质的增强可以强化学生学习脚斗士的兴趣;脚斗士学习兴趣的提高有利于强化体育学习的态度,从而形成良好的体育学习行为。但是,对于义务教育而言,应关注学生体质,在体育情境教学模式的教学实践中,评价学生体质是首要的、重要的、基础的。

三、脚斗士教学设计的示例

(一) 脚斗士单元教学设计示例 1(表 3-1)

表 3-1 脚斗士单元教学设计

教学目标	认知目标:通过学习中国传统体育文化,理解脚斗士运动渊源与意义 技能目标:掌握脚斗士的基本技术,理解脚斗士的基本战术和基本规则,能够在脚斗士游戏中运用 情感目标:通过脚斗士练习发展体能素质,培养勇敢顽强的意志,培养社会适应性		
教学重点	技术重点:基本的顶撞、上挑和下压技术 体能重点:腿部力量与耐力		
课次	主要教学内容	重点	组织教法
1	顶撞、上挑和下压技术	顶撞与下压	讲解脚斗士文化。通过引导,让学生按基本技术分组练习,攻守角色固定
2	基本移动技术与基本技术	基本移动技术与技术的结合	讲解基本移动技术及对基本技术的支持作用 基本移动技术结合技术练习左右腿均衡练习

续表

课次	主要教学内容	重点	组织教法
3	个人进攻战术与规则	基本技术与进攻战术结合	讲解个人进攻战术与规则 设计教学情境,使学生在情境教学环境中,体验战术的运用
4	个人防守战术与规则	基本技术与防守战术结合	讲解个人防守战术与规则 设计教学情境,使学生在情境教学环境中,体验战术的运用
5	团体战术与规则	团体比赛战术设计	启发式教学,通过讲解团体比赛规则与战术,使学生设计团体比赛并实施
考核目标	基本理解脚斗士运动渊源与意义 基本掌握脚斗士的顶撞、上挑和下压技术,了解脚斗士基本战术和基本规则,可以自己组织脚斗士游戏 下肢力量有所增强,意志品质有所提高			

（二）脚斗士课时教学设计示例2

1. 嗨！脚斗士们,大家好！教师自我介绍。

2. 今天我们主要学习技术动作名称:外摆。

3. 动作练习要领:从基本姿势开始,以支撑腿前脚掌为轴,上体带动攻击腿左右摆动,前倾,力点在膝左右两侧。

4. 动作练习方法：

①原地练习:在口令下,做摆膝技术练习。

②双人原地练习:两人原地以脚斗士姿势互相绕膝练习。

③行进间练习:练习者以脚斗士姿势向前做上下左右摆膝练习。

④器材练习方法:行进间伸脚靶快速摆膝练习；

5. 易犯错误:①发力后身体失去平衡;②握腿太紧,动作僵硬。

6. 纠正方法:①灵活利用制动步保持平衡;②充分利用腰腹肌力量。

7. 进攻位置:对手大腿上侧位置。

8. 防守运用:利用摆膝动作,运用快可防守弹推和顶撞动作,打开与对手的距离。

9. 练习过程中需要:前移步、前跃步、转动步、跳转步等多种步伐配合。

10. 练习过程中需要:加强下肢力量和上肢力量、上下肢体协调性。

11. 如何让此动作更快更好运用,同学们可以学习并且进行体能训练,加强我们自身的体能。

(三) 脚斗士课时教学设计示例3(表3-2)

表3-2　脚斗士课时教学设计

单位名称			上课人数		教练			课时	
教学目标			学生基本掌握下压技术动作要领					日期	
内容			内容安排	组织队形图	强度	剂量	组数	时间	器材及音乐	备注与建议
准备部分	常规	基本姿势	勇于担当，永不放弃	/	/	1次/组	左右各1组	2分	/	下课同
	静态拉伸	神经激活腰、腿	简单徒手操	☺☺☺☺☺ ☺☺☺☺☺	低-中	15秒/组	1—2组	5分	/	要求动作标准，保持动作缓慢，调整呼吸节奏，注意动作发力
			弓步体转							
			弓步压腿							
	动态热身	能量激活	游戏	/				10分	/	
			行进间正踢腿		低-中	15米/组	1—2组	10分	/	要求动作标准，教师可带头领做或单个指导
			行进间侧踢腿							
			行进间外摆腿							
			行进间内摆腿							
主体部分	技术发展	技术技能	口令式下压	☺☺☺☺☺ ☺☺☺☺☺	低	10次/动作	左右各2组	7分	脚靶若干，口哨1个，球若干	要求自然协调，把握身体重心体会动作要领，上下幅度要大
			固定器械下压		中	30秒/组	左右各2组	7分		
			连续下压击球		中	30秒/组	左右各2组	6分		
	素质发展	动作模式	左右侧弹跳	↑↓	中	10米/动作	3组	10分		注意动作的标准度，要求动作的连续性；控制出发间隔，注意安全细节(补充水分及整理场地)
			单脚硬拉							
			三步跑							

续表

内容	内容安排		组织队形图	强度	剂量	组数	时间	器材及音乐	备注与建议
结束部分	身心放松	恢复再生	小腿、腰、臀部肌群	☺☺☺☺☺ ☺☺☺☺☺☺	高-低	30秒/动作	1组	3分	/	充分拉伸，注意动作持续时间；过程中进行提问

（四）脚斗士课时教学设计示例 4

1. 嗨！脚斗士们，大家好！教师自我介绍。

2. 今天我们主要学习技术动作名称：套膝。

3. 动作练习要领：从脚斗士基本姿势开始，支撑腿蹬地，上体直立，双手配合攻击腿套住由上向下拉拽，力点在对方膝盖内侧。应注意发力时双手协调配合攻击腿，动作结束时采用跳转步还原基本姿势。

4. 动作练习方法：①原地练习法：体会蹬地、立腰、双手配合攻击腿发力拉拽，重点体会"力点"，动作由慢到快，放松且富有弹性。培养练习者在练习动作时快打及快速收回的基本姿势的意识；②行进间练习法：将移动步法与套膝技术有机结合为一个整体进行练习，如"前跃步＋套膝＋跳转步"；③器材练习方法：采用比膝关节高的垫子做套膝练习。

5. 易犯错误：①动作结束后上体过分前倾，导致重心不稳；②手握法不对不便于发力；③容易用脚后跟犯规。

6. 纠正方法：①练习时采用跳转步还原基本姿势；②采用正握法，双手配合攻击腿协调发力；③用小腿及脚背面拉拽。

7. 进攻位置：对手大腿外侧和对手使用弹推顶撞对手膝盖位置。

8. 防守运用：利用套膝动作，运用快可防守弹推和顶撞动作。

9. 练习过程中需要：前移步、前跃步、后移步、制动步等多种步伐配合。

10. 练习过程中需要：加强下肢力量和上肢力量、上下肢体协调性。

（五）脚斗士课时教学设计示例 5

1. 准备部分

①师生问好

②一般性准备活动

③单腿（交换）小跳

④柔韧练习，特别是发展髋关节的练习

2. 基本部分

基本移动技术学习

（1）讲解基本移动技术与相关规则

（2）设计教学情境

情境之一：设计"猜拳"式练习，两人一组，分为主动方与被动方。面对站立，主动方进，则被动方退。

情境之二：设计"猜拳"式练习，两人一组，分为主动方与被动方。同向平行站立，主动方进，被动方也进。做错者罚。

（3）基本移动练习

①前移步

呈脚斗士基本姿势（交换腿）前移步小跳。

呈脚斗士基本姿势（交换腿）前移步中跳。

要求：从小跳开始，注意重心移动要到位，要平稳；基本姿势要正确。

②后移步

呈脚斗士基本姿势（交换腿）后移步小跳。

呈脚斗士基本姿势（交换腿）后移步中跳。

要求：从小跳开始，注意重心移动要到位，要平稳；基本姿势要正确。

③侧移步

呈脚斗士基本姿势（交换腿）侧移步"之"字形跳。

呈脚斗士基本姿势（交换腿）侧移步"一"字形跳。

要求：侧移步跳一定要移动重心，不要移腿不移重心。

④综合移动练习

前移步中跳——后移步小跳——前移步中跳。

前移步小跳——侧移步"之"字形跳——前移步小跳。

(4) 练习注意事项:可以用辅助线控制步子的大小与方向;练习中重点体验重心的正确移动;分组练习,互相纠正,互相鼓励;基本移动练习可以左右腿交换练习;练习之间可以休息,练习应注意合理的运动负荷。

基本移动技术复习
(1) 讲解与强调技术重点
(2) 情境设计:制作简单的面具,分别代表不同的军队、民族村落,也可以是战争或祭祀活动,使同学在具有一定文化背景条件中学习。
(3) 练习步骤
①学生分二人一组,原地做上挑、下压、顶撞模仿练习;
②学生分二人一组,一人利用前移步接上挑,另一人利用后移步躲闪,然后交换;
③学生分二人一组,一人利用前移步接下压,另一人利用后移步躲闪,然后交换;
④学生分二人一组,一人利用前移步接顶撞,另一人利用后移步躲闪,然后交换;
⑤学生分二人一组,一人利用前移步接顶撞,另一人利用"之"字形后移动步躲闪,然后交换。
(4) 练习注意事项:练习要注意安全,遵守规则;练习要注意运动量,腿部负担不要过重;练习之间鼓励讨论,或纠正错误动作,或创造新的技术,或设立新的情境。

3. 结束部分
(1) 放松整理活动;(2)小结;(3)布置思考题。

(六) 脚斗士课时教学设计示例 6

1. 嗨!脚斗士们,大家好!参与人自我介绍。
2. 今天我们主要学习技术动作名称:弹推
3. 动作练习要领:从基本姿势开始,单手紧握脚掌外侧面位置,向胸口紧贴,同时异侧手握于脚踝位置配合攻击,支撑腿前脚掌蹬地,重心落于微屈支撑腿,发力点在脚掌外侧面位置,弹击目标后迅速放松弹回,还原基本姿势。

4. 动作练习方法：

(1) 原地练习法：牢记动作要领，手握脚掌外侧面，原地蹬地，身体前倾，异侧手握非支撑脚踝位置，手握非支撑脚上提紧贴胸前，弹推对方胸前。重点体会"发力点"，动作由慢到快，放松且富有弹性。培养练习者在练习动作时动作的准确性与控制性。

(2) 行进间练习法：将前移动步法与弹推技术结合成整体性技术。

(3) 器械练习法：快速2至3步前跃步，重心落在前脚掌，手握脚掌外侧面，手将非支撑脚上提紧贴胸前，准确弹推快速击打指定位置。根据位置不同，非支撑腿的高度不同。

5. 易犯错误

(1) 异侧手没有配合发力；(2) 手握过于靠小拇指，容易脱手、损伤；(3) 上体过于前倾，导致重心不稳。

6. 纠正方法

(1) 练习时强调手推的重要性；(2) 练习时将手握于脚外侧面，强调握法对动作发力和损伤的控制性；(3) 练习时支撑脚微屈控制重心。

7. 进攻位置：对手胸部与肩部位置。

8. 防守运用：利用弹推动作，运用可防守顶撞动作。

9. 练习过程中需要：前移步、前跃步、制动步、转动步(假动作)等多种步伐配合。

10. 练习过程中需要：加强下肢爆发力量和上肢力量、上下肢体协调性。

(七) 脚斗士课时教学设计示例7(表3-3)

表3-3 脚斗士课时教学设计

单位名称		上课人数		教练		课时			
教学目标	加强学生步法及反应能力，以及实战中对下压的运用						日期		
内容	内容安排		组织队形图	强度	剂量	组数	时间	器材及音乐	备注与建议

续表

内容			内容安排	组织队形图	强度	剂量	组数	时间	器材及音乐	备注与建议
准备部分	常规	基本姿势	勇于担当，永不放弃	/	/	1次/组	左右各1组	2分	/	下课同
	静态拉伸	神经激活腰、腿	站立直腿直臂前爬	☺☺☺☺☺☺ ☺☺☺☺☺☺	低-中	15秒/组	1—2组	5分	/	要求动作标准，保持动作缓慢，调整呼吸节奏，注意动作发力
			弓步体转							
			弓步抓耳击膝							
	动态热身		游戏	/				10分	/	
		能量激活	单脚支撑前跳步		低-中	15米/组	1—2组	10分	/	要求动作标准，教师可带头领做或单个指导
			单脚支撑后跳步							
			单脚支撑侧跳步							
			单脚支撑S型跳步							
主体部分	技术发展	技术技能	双人追逐	☺☺☺☺☺☺ ☺	中	60秒/组	左右各2组	7分	脚靶若干，口哨1个，障碍栏2个，3号跳箱2个，体操垫10个	膝关节触碰对方
			同一方向口令反应	☺☺☺☺☺☺	中	60秒/组	左右各2组	7分		快速做出反应
			两人下压练习		中	60秒/组	左右各2组	6分		两人之间互相配合
	素质发展	动作模式	小步跑	◁▷	中	10米/动作	3组	10分		注意动作的标准度，要求动作的连续性；控制出发间隔，注意安全细节（补充水分及整理场地）
			口令侧身跨步							
			并腿上箱及落地							
结束部分	身心放松	恢复再生	小腿、腰、臀部肌群	☺☺☺☺☺☺ ☺☺☺☺☺	高-低	30秒/动作	1组	3分	/	充分拉伸，注意动作持续时间；过程中进行提问

当前，深入贯彻习近平总书记关于教育的重要论述和全国教育大会、学校思想政治理论课教师座谈会精神，加快推进教育现代化，建设教育强国，办

好人民满意教育的重要指示,以及教育部《普通高中体育与健康课程标准(2017年版)》的颁布等都为学校体育教学改革指出了新方向和新目标。在"落实立德树人根本任务和健康第一指导思想,促进学生健康与全面发展"成为培养学生体育学科核心素养的重要出发点指引下。张中印等学者指出,要改变传统知识内容教学单一化、碎片化的状况,从过去单纯追求知识的传授向培养人的方向转变,向发展学生的学科核心素养转变,实现核心素养与已有课程体系的融合的教学设计,需基于体育与健康学科核心素养的要求,提出了"指向核心素养的体育教学设计:理论与路径、问题与策略"。这为我们高质量体育教学设计提供了参考。

第四章
脚斗士训练原理与方法

原理是指自然科学和社会科学中具有普遍意义的基本规律。是在大量观察、实践的基础上,经过归纳、概括而得出的。既能指导实践,又必须经受实践的检验。通常指某一领域、部门或科学中具有普遍意义的基本规律。科学的原理以大量的实践为基础,故其正确性能被实验所检验与确定,从科学的原理出发,可以推衍出各种具体的定理、命题等,从而对进一步实践起指导作用。随着竞技体育的发展,运动水平越来越高,从而对训练科学化的要求也越来越高。由于一切训练负荷总是作用于人体,这就要求我们对各种刺激作用于人体所产生的特定的变化规律有最基本的了解。人们将运动训练作用于人体所产生的一些基本变化规律的主观认知和客观规律完整地表述出来,便形成运动训练原理;方法一般是指为获得某种东西或达到某种目的而采取的手段与行为方式。运动训练方法是在运动训练活动中提高竞技运动水平、完成训练任务的途径和方法。运动训练方法在教练员的"训"和运动员的"练"的过程中广泛应用,是教练员和运动员在双向活动中共同完成训练任务的方法。运动训练方法是对运动训练过程中各种训练方式和办法的概括,是对各种具体训练方法的集中表述。现代竞技运动发展历史表明:运动训练原理与方法的不断创新和科学运用对推动各项竞技运动整体发展水平的作用是十分巨大的。

第一节 脚斗士运动员选材

随着全国脚斗士大赛的推广,脚斗士这项具有传统民族特色的新兴竞技体育项目在全国各高校乃至中小学校得到广泛的开展,脚斗士运动的大竞争格局已经形成,要想在训练中取得理想的效果,以及在比赛中取得好的成绩,必须重视运动员的科学选材和科学训练。科学选材就是选拔具有良好运动天赋及竞技潜力的儿童少年或后备力量参加训练的工作。运动员选材可分为运动员早期选材和优秀运动员选材两类。其中早期选材是将那些先天条件较优越的有培养前途的儿童少年选拔出来参加训练的工作,优秀运动员选材是从经过一定的全面基础训练和初期专项训练的青少年后备力量中,选出那些先天和后天条件均较优越的人才参加高水平训练工作。但不同的运动项目对运动员选材有不同的标准条件和要求。脚斗士对运动员的选材指标主要由定量和定性两部分组成,其中量化指标选材是脚斗士科学选材的重要依据,而定性的经验选材也很重要,两者缺一不可,只有把两者高度地、有机地结合才算是脚斗士运动员科学选材。

一、形态特征

鉴于脚斗士项目的特点,其对运动员的基本身体形态有着选材的特殊性要求。在个人赛中,因为级别的限定和划分,在体重上有着严格的区分;而团体赛中不分级别,因此在选材上不需要考虑体重。

(一) 眼神

受脚斗士项目比赛场地限定,且过程中对抗激烈,强度大,要做到精、气、神和眼、身法、步法的高度统一,"眼观六路",才能在实战中观测到自身和对手的站位,捕捉到稍纵即逝的时机,合理利用规则取胜。

(二) 外形

依据脚斗士的运动项目特点,对运动员的外形要求上下肢比例匀称、体格健壮、灵巧。

(三) 髋部及臀部

受试者两腿并拢,自然伸直,两肩放松。测试者在受试者背面,用两指摸到其髂骨外缘,测量两髂脊外缘间距离。脚斗士运动要求下肢负担量大,且弹跳要好,所以要选拔髋部窄的运动员。此外,臀部形状对运动能力影响较大,臀纹线高,臀部上翘且厚实,骨盆纵轴短,肌肉用力时易集中,爆发力强;

反之,臀部肌肉松而外形下垂的,显得臀部很长,属长臀形,多不利于跑跳,且爆发力差。因此,在选材时,要选拔那些髋部窄小、臀部肌肉向上紧缩的运动员。

(四) 踝部与足弓

踝围小而跟腱略长,便于肌肉收缩,也利于踝关节在跳跃时蹬伸。足弓的好坏对跳跃及速度影响较大,一般以"凹心脚",即足弓高为好,以"平心脚"为差。判断足弓高低可由两眼观察,也可由脚印判断。

二、机能特征

身体机能是人体各器官的机能情况。通过对心血管系统功能、呼吸系统功能进行测试和检查,便可判断运动员的机体潜在能力。

(一) 心率

心率是反映心脏功能和运动员承受负荷能力的指标。对遗传率的研究发现,心血管机能主要是受遗传控制的,其中最高心率的遗传系数为85%。选材时,应选安静时脉搏次数少、心跳有力和节律好的运动员;当激烈运动后,心率快为好,这说明心血管系统能承受较大的负荷能力;负荷后恢复到原来的时间越短越好。

(二) 最大摄氧量

它是人体在剧烈运动中呼吸和循环机能每分钟摄取的最大氧气量,是评定人体运动时有氧工作能力的指标,能综合反映呼吸和循环机能水平。最大摄氧量越高,有氧代谢能力越强;最大摄氧量越低,有氧代谢能力越差。最大摄氧量遗传力为0.936,遗传系数相当大。在脚斗士比赛中,运动员的最大摄氧能力占有重要地位。

(三) 前庭分析器功能

让受试者直立,以每2秒转一圈的速度旋转,10圈后立即停止,目视前方。观察受试者眼震,即眼球有规律的颤动,如持续时间在15~20秒为正常,功能不好的人旋转后站立不稳,眼肌不能随意放松,并伴有晕眩和视觉、听觉及感觉失调等现象。也可以进行单腿站立试验:受试者赤脚单腿站立,另一腿足跟触及站立腿膝部,两臂前平举,闭目。平衡能保持 10 秒钟,身体不歪斜,两臂和眼皮不颤动,评为良好;出现歪斜、颤动,评为及格;保持平衡不到 10 秒钟,评为不及格。

三、素质特征

预选对象身体素质的好坏,直接关系到今后脚斗士技术的发展水平。身体素质可分为一般身体素质和专项身体素质,一般身体素质包括力量、速度、耐力、灵敏、柔韧、协调等。由于脚斗士运动的规律和特点,它对运动员力量、灵敏、耐力、协调等身体素质要求更高。所以,在选材时要以此为重,其他也要适当考虑。

(一)速度

30 米跑所用的时间是反映速度素质的指标,脚斗士运动员要有较好的速度素质,才能体现出快速多变、起伏转折、闪展腾挪的特点。

(二)力量

立定跳远反映下肢爆发力与弹跳力。脚斗士运动对下肢力量,特别是爆发力要求较高,以便在对抗的瞬间发出最大力量。单足起跳摸高,是反映腿部弹跳力的指标。脚斗士运动的基本运动方式是单腿支撑,且有单腿跳起进攻跃击等技术动作,因此可选择助跑 3~5 米、单足起跳摸高来衡量运动员的弹跳力。

(三)耐力

400 米跑成绩是测试速度耐力的常用指标,脚斗士比赛双方对抗时间为 1 分钟或 2 分钟,且休息间隔时间也较短,运动员需要有一定速度耐力。

(四)灵敏和协调

脚斗士运动的比赛场地相对较小,且对抗激烈,不但要求单腿的支撑在运动过程中平衡能力要高,而且全身在相对运动过程中的控制能力也要高,这就需要运动员身体的运动机能系统相互协作能力强,具有很好的协调性,同时在场地内能灵活地移动,以便于进攻和防守。

四、心理特征

一名运动员的水平高低,不仅要看其平时训练水平如何,而且要看其在紧张激烈的比赛中能否正常或超常发挥自己的水平。当今科学化训练手段日益增多,优秀运动员的身体素质、动作技术等差距正在逐渐缩小,在这种情况下,运动员的心理素质显得特别重要,心理素质的好坏是运动员比赛成绩优劣的关键因素之一。在脚斗士运动员选材时,要选择那些性格开朗、活泼大方、神经系统活动过程均衡、转换快、接受能力强、意志力强、注意力高度集中、运动表现力好、不服输的运动员。

除上述形态、心理、素质、机能等竞技能力因素外,一般运动员选材还应考虑遗传因素(由遗传机制所决定的先天条件,是早期选材应重点考虑的因素)、年龄因素(包括日历年龄、生物年龄、运动年龄)、专项因素(项目技战术特点)和个体因素(个体的特点)等。脚斗士运动员早期选材还应包括家族调查、健康常规检查、生长发育评定、各种选材指标的测试及其综合评价与分析等。

第二节　脚斗士运动员身体训练

身体训练是运动训练中的基础训练,也是现代运动训练的重要组成部分。不仅直接影响运动技能水平的提高和战术运用效果,且对运动员在训练和比赛中保持心理的稳定性有较大影响。分为一般身体训练和专项身体训练。一般身体训练是以多种训练方法和手段发展运动员的力量、速度、耐力、柔韧、灵敏等身体素质,旨在增进运动员的身体健康,提高各器官系统的机能,全面发展运动素质,改进体形。专项身体训练旨在发展专项运动素质,如篮球运动员的速度、耐力素质,跳远运动员的爆发力,举重运动员的力量素质等,同时使运动员的体形适应专项运动要求。

一、身体训练的意义与要求

(一) 身体训练的意义

脚斗士运动是一项力与美相结合、智与勇相融合的民族民间体育项目。它通过人体的下肢动作,把体育竞技中的技术与战术、进攻与防守等基本元素充分地展现出来。在运动员的比赛中不仅要求有灵活的技战术,而且还要有发达的肌肉和敏捷的身手,从动作上体现出力量和刚健。因此,这给脚斗士运动员在身体素质方面提出了很高的要求。脚斗士运动的身体训练,可以说是为了完成脚斗士技术动作,培养脚斗士运动员所必需的身体素质的过程。脚斗士比赛过程运动强度是很大的。实践证明,只通过脚斗士专项技术训练来提高竞技脚斗士运动的成绩是远远不够的,还必须要对脚斗士运动员进行全面身体素质的提高。只有有针对性地进行身体训练才能促进脚斗士运动技术水平的迅速提高。可以说,运动员身体训练水平的高低对脚斗士技术、战术和心理等方面的发挥都起到了重要作用。

脚斗士运动的身体训练通常是指在脚斗士训练过程中,教练员运用各种练习手段和方法来改进、提高运动员的身体状况和机能水平,全面发展脚斗士运动所需要的各种运动素质和基础能力的训练。身体训练在竞技脚斗士运动中占有十分重要的地位。从健康的角度讲,良好的身体训练能够增强身体肌肉组织、心血管系统和呼吸系统的机能,提高中枢神经系统的机能,改善和提高运动员的健康水平。另外,从技术的角度来看,通过身体训练,也可以使运动员尽快掌握脚斗士技术动作,提高脚斗士运动的技术水平,防止运动伤害事故的发生。因此,身体训练是竞技脚斗士运动必不可少的训练内容。

与其他体育项目运动员身体训练一样,脚斗士运动员的身体训练也分为一般身体训练和专项身体训练。一般身体训练是指全面发展脚斗士运动员身体机能和基本素质的方法和手段,而专项身体训练则是指采用与脚斗士运动特点相一致的专门性的练习方法和手段。

(二) 身体训练的要求

1. 根据不同生长发育阶段的形态特征安排身体训练

人体在不同年龄阶段的生长发育有不同的特征,一般是先长高度,后长宽度、围度和充实度。心脏发育过程中先加大心脏容量,后增厚心壁肌肉。与其相应的竞技能力的敏感发展期亦有不同,身体训练应与之相适应。

2. 根据脚斗士运动的特点安排身体训练

脚斗士运动项目属于技能主导类格斗对抗性项群,具有一对一竞技、按体重分级别比赛、以分数取胜等竞技特点。脚斗士运动项目对特定的身体形态具有一定的依赖性,因而必须根据脚斗士运动的需要及对竞技能力的需求特点,安排相应的练习方法和手段。

3. 身体训练应坚持全面性

所谓全面性,是指脚斗士运动对运动员身体训练所涉及的多种运动素质都有较高的要求。速度、力量、耐力、柔韧、灵敏素质在训练过程中不能偏向某一个因素而忽视另一个因素,应该充分认识和考虑各种因素进行综合平衡,彼此相互促进。同时要从个体实际出发,扬长避短,采用适合的训练手段使它们同步增长,取得最佳的整体效益。这是脚斗士科学训练的基本要求之一。

4. 采用多种方法手段提高训练质量

运用多种训练方法和手段,体现科学训练的多样性,要防止训练枯燥单一。同时,影响身体形态的因素很多,如饮食、气候等都会影响外部形态,因而身体训练不能只从训练的角度进行,还要注意其他手段与方法的运用,尤其要注意饮食和营养的控制。

二、一般身体训练

脚斗士运动员一般身体训练的内容主要包括力量、耐力、速度、灵敏和柔韧等运动素质的训练。

(一) 力量素质

力量素质是指人的机体或机体的某一部分肌肉工作(收缩和舒张)时克服内外阻力的能力。力量素质对人体运动有极大影响,是人体运动的基本素质,也是衡量运动员身体训练水平的重要指标。各体育运动项目由于完成的动作不同,所以表现出的力量也不同。根据不同运动项目对力量素质的要求,以及力量的不同表现形式,力量素质可分为多种类型。根据肌肉收缩的形式,可将力量划分为静力性力量和动力性力量;根据力量和体重的关系,可分为绝对力量和相对力量;根据力量的表现,又可分为最大力量、快速力量和力量耐力;根据和专项的关系,又可分为一般力量和专项力量。

1. 脚斗士运动员力量素质的特点及要求

(1) 脚斗士运动员良好的力量素质,决定了脚斗士进攻动作的质量。从脚斗士的规则中不难看出,脚斗士运动对运动员的力量要求是很高的。如果没有力量,运动员很难在比赛中占有优势。因此,力量就成为脚斗士运动身体训练十分重要的一部分,它也是取得优异成绩的基础。因此,加强脚斗士运动员的力量素质,可以更好地保证脚斗士技术动作的质量。

(2) 脚斗士运动员的力量素质,不仅要求具有一定快速的爆发力,而且更为重要的是要具有良好的力量耐力。脚斗士运动规则要求:运动的基本形式是以单脚支撑跳跃,主要以非支撑腿的膝关节作为攻击对方的有效部位。因此,在脚斗士的运动过程中,必须做到以单脚支撑三分钟完成各种进攻与防守动作,有时甚至需要竭尽全力,这时力量耐力就成为十分重要的因素,它是高质量进行比赛的基本保障。

2. 脚斗士运动员力量素质的训练方法

关于脚斗士运动员一般力量素质的训练方法有很多,依据力量训练的部位进行分类,主要发展下肢力量,特别是以发展下肢单腿的弹跳力量为主的髋肌、股四头肌、缝匠肌、股二头肌、小腿肌和足肌等肌肉群。同时也需要加强上肢力量的练习。发展脚斗士运动员力量素质可采用如下几种训练方法:(1)蹲跳类,如单腿深蹲、单腿蹲跳;(2)纵跳类,如原地连续纵跳、蛙跳、定时定量跳绳等;(3)负重练习类,如负重深蹲、背杠铃蹲起、负杠铃蹲起跳、负重跳台阶;(4)俯卧类,如俯卧撑、仰卧起坐、两头起等练习方法。

(二) 耐力素质

耐力素质对脚斗士运动的影响十分显著。耐力素质是指人体在长时间进行工作或运动中抵抗神经、肌肉疲劳,以及疲劳后迅速恢复的能力。脚斗士运动属于格斗对抗性项目,比赛以计分方式判定胜负,其比赛运动的强度较大,要保持特定的运动强度或动作质量,就必须具备良好的耐力素质和在持续高运动强度中抗疲劳的能力。

运动训练学对耐力有着不同的分类标准。按照参加主要工作的肌群数量,可分为局部耐力和全身耐力;按照肌肉工作的力学性质,可分为静力性耐力和动力性耐力;按照耐力对专项的影响,可分为一般耐力和专项耐力;按照人体生理系统,可分为肌肉耐力和心血管耐力;按照运动中氧的代谢特征,可分为有氧耐力和无氧耐力。现代的脚斗士运动对运动员耐力素质也提出了很高的要求,一方面,通过耐力训练,可以提高脚斗士运动员的呼吸系统和血液循环系统的功能,运动中血氧供应充分,从而可以提高运动员抗疲劳的能力。抗疲劳能力越强,有机体保持持久的高水平运动的能力越强,这对创造优异成绩无疑是有利的。另一方面,在脚斗士运动训练和比赛中,经过科学、合理的耐力训练,还可培养运动员坚毅、顽强、勇于克服困难的意志品质。脚斗士运动员如果没有良好的耐力素质,无论在体力上、心理上以及技战术的发挥上,都很难满足当今激烈比赛的需要。因此,在脚斗士训练中对运动员耐力素质的训练应该提高到一个非常重要的地位。

1. 脚斗士运动耐力素质的特点及要求

脚斗士运动是一项混合代谢供能的运动项目,它所要求的耐力素质以无氧代谢能力为主,以有氧代谢能力为基础。因此,在训练中要综合提高脚斗士运动员的耐力素质,为保证其在场上灵活运用和发挥技术动作奠定基础。

(1) 脚斗士运动专项耐力素质,主要是发展无氧代谢能力。脚斗士运动要求运动员具有在高强度下坚持到比赛终结的充沛体力,确保比赛中技术动作的不变形,保证技战术的运用和发挥。

(2) 脚斗士运动一般耐力素质,主要是发展有氧代谢能力。高水平的有氧耐力有助于脚斗士运动员承受大运动量负荷的训练,在训练中有效地抵抗疲劳,尤其是有益于训练和比赛中间及结束后的快速恢复。

2. 脚斗士运动耐力素质的训练方法

运动员有氧耐力的发展水平主要取决于三方面的因素,一是供给运动中所必需的能源物质的储存;二是为肌肉工作不断提供 ATP(三磷酸腺苷)所必需的有氧代谢能力;三是肌肉、关节、韧带等支撑运动器官承受长时间耐力工作的能力。因此,通过提高运动员的摄氧、输氧和用氧能力,保持体内适宜的糖原和脂肪的含量,以及提高肌肉、关节、韧带等支撑运动器官承受长时间负荷的能力,是发展脚斗士运动员有氧耐力的基本途径。在安排脚斗士运动员有氧耐力训练时,应该考虑的两个主要因素:练习的强度与练习的时间。

(1) 练习强度。单纯发展有氧耐力的练习强度相对要小一些,一般说应低于最大强度的 70%,并以有氧系统供能为主。练习强度通常可用心率负荷来控制。如将脚斗士运动员练习时心率控制在 140~160 次/分钟,对训练有素的脚斗士运动员控制在160~180次/分钟。根据这个强度进行长时间的训练,可使脚斗士运动员有氧系统供能得到改善,心肺系统的机能水平、肌肉供血和直接吸收氧气的能力得到提高。

(2)练习时间。有氧耐力的练习时间,一般可根据训练水平而定,受过训练的脚斗士运动员有氧耐力训练的时间可以长一些,有的可以用一堂课的时间来安排有氧耐力的训练,但无论训练对象如何,有氧耐力训练时间应在20分钟以上。时间越长,对机体有氧代谢过程的刺激也就越大。只有维持较长时间,才能使全身血量和红细胞增加,提高每搏输出量和机体的摄氧、输氧和用氧能力,达到发展有氧耐力的目的。在脚斗士运动的一般性耐力训练中,通常采用的是持续性的耐力跑,如中长距离跑或越野跑,以提高脚斗士运动员的有氧耐力。

(三)速度素质

速度是人体快速位移的能力。速度素质包括反应速度、动作速度与位移速度,三者之间既有联系又有区别。反应速度是指人体对各种信号刺激(声、光、触等)快速应答的能力;动作速度是指人体或人体某一部分快速完成某一动作的能力;移动速度是指人体在特定方向上位移的速度。脚斗士运动对速度有严格的要求,尤其是运动员的反应速度和动作速度。在脚斗士比赛中,速度素质往往直接决定着比赛的成败。快速进攻可以击败对手,快速防守可以防止失分,只有快速地发挥技术动作才能取得比赛的胜利。同时,脚斗士运动要求在强调动作速度的基础上,还要运动员保持一定的速度耐力,只有这样才能保证在激烈的比赛中获胜。

1. 脚斗士运动员速度素质的特点及要求

(1)脚斗士运动的速度素质,要重点体现出反应速度和动作速度的紧密结合。在脚斗士运动中这两者是相互关联、相互影响的,任何一方面的速度受到影响,都会影响到整个脚斗士运动的速度。因此,在脚斗士运动的速度素质训练中,应该将反应速度和动作速度作为提高速度素质的重点。

(2)脚斗士运动员的反应素质包括简单反应速度和复杂反应速度。简单反应速度是运动员对特定动作或信号作出反应的快慢;复杂反应速度是对对手动作的变化做出相应动作的反应快慢能力。脚斗士运动员在场上比赛的反应速度主要是复杂反应速度,且是瞬间选择性反应,因此,在脚斗士运动的训练和比赛中,进攻方始终要抓时机,攻其不备,快速地做出进攻动作;而防守方要对进攻方所做的进攻动作做出快速的防守动作。

(3) 提高脚斗士运动的动作速度应与掌握和保持正确的技术动作紧密结合。为了更好地提高脚斗士运动的专项速度素质,通常是结合脚斗士运动的基本动作进行专项速度训练,并且在训练中要强调完成动作的正确姿势。

2. 脚斗士运动员速度素质的训练方法

脚斗士运动员速度素质训练的常用方法:(1)各种短距离的快速冲刺跑(30米、50米、60米);(2)6米折返跑(要求快速转身);(3)快速左右抱腿练习;(4)高频率跑跳楼梯台阶;(5)单、双摇单腿跳绳,两脚交替跳绳。

(四) 灵敏素质

灵敏素质是指人体在各种突然变换的条件下,快速、协调、准确地改变身体运动的空间位置和运动方向的能力。它是人的运动技能、神经反应和各种身体素质的综合表现。在脚斗士运动中的每一个动作都不同程度地体现了力量、速度、耐力、柔韧等素质。灵敏素质是通过力量特别是爆发力量,控制身体的加速或减速;通过速度特别是爆发速度,控制身体移动、躲闪、变换方向的快慢;通过柔韧保证力量、速度的发挥;通过耐力保证持久的工作能力。灵敏素质没有客观衡量标准,只有通过动作的熟练程度来显示灵敏素质的高低。它不像其他素质有客观衡量标准可用来测定优劣。如力量用重量的大小来衡量,单位是公斤;速度用距离和时间的比来衡量,单位是米/秒;耐力用时间的长短或重复次数的多少来衡量;柔韧用角度、幅度的大小来衡量;而灵敏素质只有用迅速准确协调完成动作的能力来衡量。

1. 脚斗士运动员灵敏素质的特点及要求

脚斗士运动是一项两人对抗性的民族传统体育项目,它对运动员的灵敏素质要求较高,它不仅要求运动员在运动中表现出在时空中的准确定向定时能力,而且还要能表现出临场对抗的准确、变换迅速的能力。因此,在脚斗士运动中运动员灵敏素质就成为非常重要的素质之一。

脚斗士运动员的灵敏素质与其所掌握的脚斗士技术动作数量有着密切的关系。实践证明,掌握基本技术越多、越熟练,不仅学习新的运动技能快,而且技术运用也显得更灵活、更富有创造力,表现出的灵敏素质也就越高。由于运用各种脚斗士技术动作和提高运动技能,可以不断地丰富脚斗士运动员的运动实践经验,增加身体素质和技术动作"储备",从而促进脚斗士运动员灵敏素质水平的不断提高。

2. 脚斗士运动员灵敏素质的训练方法

一般灵敏素质是指人在各种活动中,在突然变换的条件下,迅速、合理、准确地完成各种动作的能力。它是专项灵敏素质发展的基础。脚斗士运动员一般灵敏素质练习的主要方法:(1)在跑、跳中做迅速改变方向的各种跑、躲闪、突然起动以及各种快速急停和迅速转体练习;(2)做各种调整身体方位的单腿练习;(3)做专门设计的各种复杂多变的练习。如用"之字变向跑"、"躲闪跑"、"穿梭跑"和"立卧撑"四项组成的综合性练习;(4)以非常规姿势完成的练习。如侧向或倒退单腿跳远、单腿跳深等;(5)改变完成动作的速度或速率的练习。如变换动作频率或逐步增加动作的频率;(6)做各种变换方向的追逐性游戏和对各种信号作出应答反应的游戏。

(五) 柔韧素质

柔韧素质是人体的一种重要身体素质。在脚斗士运动中发展柔韧素质不仅可以加大动作幅度,使动作更加优美、协调并且有效,而且也能减少受伤的可能性。因此,正确地进行柔韧素质练习,对于提高脚斗士运动技术水平具有重要的意义。柔韧素质通常是指人体关节在不同方向上的活动能力,以及跨过关节的韧带、肌腱、肌肉、皮肤及其他组织的弹性和伸展能力。

根据人体生理解剖结构,柔韧包括四肢和躯干各关节的柔韧。柔韧的训练就是发展肩、肘、腕、胯、膝、踝及脊柱等各关节伸展性的练习。柔韧素质从其与专项的关系看,可分为一般柔韧性与专项柔韧性。一般柔韧性是指为适应一般技能发展所需要的柔韧素质;专项柔韧性是指专项运动特殊需要的柔韧性。由于专项柔韧性是具有较强选择性的。因此,同一身体部位具有的柔韧性由于项目的需求不同,在幅度、方向等表现上也有差异。另外,柔韧素质的分类从其外部运动状态的表现看可分为动力性柔韧性和静力性柔韧性。从完成柔韧性练习的表现上看,柔韧素质又分为主动柔韧性和被动柔韧性。从柔韧素质在身体不同部位的表现看,又可分为上肢柔韧性、下肢柔韧性、腰部柔韧性、肩部柔韧性等。

1. 脚斗士运动员柔韧素质的特点及要求

(1) 由于脚斗士运动的技巧性比较高,许多难度动作都给运动员的柔韧素质提出了很高的要求。良好的柔韧素质,不仅加大了动作的幅度,提高了关节的灵活性,对脚斗士运动技术的掌握与提高发挥着重要的作用,而且对运动员自身来说,良好的柔韧素质也可以防止或减少伤害事故的发生,延长运动寿命。

(2) 脚斗士运动员柔韧素质的发展应与力量素质发展相适应,因为脚斗士运动不仅对柔韧素质提出一定的要求,而且更要求具备良好的速度力量。力量练习可发展肌肉的收缩能力,柔韧练习能发展肌肉的伸展能力,因此力量结合柔韧的练习对提高肌肉质量最为有效,既能达到力量和柔韧的同时增长,又能保证关节灵活性的稳固。

(3) 脚斗士运动员在进行柔韧素质的训练时,要兼顾相互关联的身体各个部位。在有些脚斗士动作过程中,柔韧性的表现不仅是在一个关节或某个身体部位的伸展性,而且牵涉几个相互有关联的部位。如为发展腿部柔韧性,若采用"叉"的练习,就是由踝、膝、髋等部位的关节决定的。因此,在练习过程中对这几个部位都应该进行发展,倘若忽视某一部位就有可能出现外伤。如果发现某一部位稍差,就应立即采取措施使其得到改善。另外,也可通过其他部位的有效发展使其得到补偿,这样做可以使各部位的柔韧性得到发展,保证脚斗士专项运动训练的需要。

2. 脚斗士运动员柔韧素质的训练方法

脚斗士运动员柔韧素质的训练方法手段有很多,根据身体部位进行训练,重点是下肢柔韧性的训练,主要发展腿部柔韧性和髋部柔韧性,有利于脚斗士技术动作的有效运用和充分发挥。对腿部和髋部柔韧性的训练,都可以采用主动或被动的静力拉伸方法和主动或被动的动力性拉伸方法来提高。

(1) 主动或被动的静力拉伸方法

即缓慢地将肌肉、肌腱、韧带拉伸到一定酸、胀、痛的感觉位置并略有超过,然后停留一定时间的练习方法。这种方法可减少或消除超过关节伸展能力的危险性,防止拉伤,并且由于拉伸缓慢不会激发牵张反射。一般要求在酸、胀、痛的位置停留6~8秒,重复6~8次。

(2) 主动或被动的动力性拉伸方法

即有节奏地、速度较快地、幅度逐渐加大地多次重复一个动作的拉伸方法。在运用该方法时,用力不宜过猛,幅度一定要由小到大,先做几次小幅度的预备拉伸,然后加大幅度,从而避免拉伤。每个练习重复5~10次(重复次数可根据专项技术需要而增加)。主动的动力性拉伸方法是靠自己的力量拉伸,被动的动力性拉伸方法是靠同伴的帮助或负重借助外力的拉伸,但外力应与运动员被拉伸的可能伸展能力相适应。上述方法可单独采用亦可混合运用,练习时间根据需要确定。

三、专项身体训练

通过一般身体训练来提高竞技脚斗士运动员的成绩是不够的,还必须要对脚斗士运动员进行专项身体训练加以补充,才能全面发展运动员的身体素质,促进脚斗士运动技术水平的迅速提高。专项身体素质训练都是根据各项目所要求的重点素质和技术特点的需要而安排的,具有很强的专项性。

(一) 专项力量训练内容与方法

脚斗士运动员专项力量训练主要是结合脚斗士的基本动作进行专门的力量练习。因为脚斗士运动中的许多动作是很复杂的,需要身体各部位许多大小不同的肌群协同工作才能完成。但是,发展不同类型的力量素质也不意味着面面俱到,平均发展,应该在全面发展的基础上针对脚斗士项目特点而有所侧重。脚斗士运动对下肢力量,特别是爆发力要求较高,以便在瞬间发出最大力量。下肢力量练习主要以发展下肢单腿的弹跳力量为主,主要训练方法如下:(1)单腿支撑(脚斗士基本姿势)连续跳跃;(2)脚斗士基本姿势(负重)快速蹲起;(3)在手臂、小腿上绑沙袋或在身上穿沙衣进行脚斗士基本动作练习等。

(二) 专项耐力训练内容与方法

无氧耐力是专项耐力的基础。无氧耐力是机体在无氧供能状态下持续工作的能力,它取决于肌肉保持机能活动水平不变的持续运动能力,主要有三个因素:一是无氧代谢能力,这是构成无氧耐力的最重要因素;二是能源物质的储备;三是肌肉、关节、韧带等支撑运动器官承受大强度工作的能力。因此,提高脚斗士运动员的无氧代谢能力和肌肉活动时必需的能源物质储备以及支撑运动器官的功能,是发展无氧耐力的主要途径。在脚斗士运动训练中,发展专项耐力,通常主要是采用结合脚斗士运动中的某一技术动作或者技术组合动作练习为主的大运动量训练的形式。

脚斗士运动属于技能主导类对抗性项目,要求运动员具备一场五局或坚持到比赛终结的充沛体力,能在整个比赛过程中持续表现出最佳技能和体能,保证技战术的运用和发挥。耐力素质的训练,除对肌肉耐力和心血管机能的提高具有高度影响外,还决定着肌肉疲劳后恢复的快慢。耐力素质较好,疲劳后迅速恢复的能力越强,这是脚斗士比赛对运动员保持高强度运动能力的特殊要求。因此训练过程中通常进行长时间的专项对抗练习或专项练习,甚至超过正式比赛时间或局数的训练。例如比赛一局连续2分钟,对抗七局四胜等训练方法。

(三) 专项速度训练内容与方法

专项速度素质训练方法主要是结合脚斗士的基本动作进行专门的速度练习。常见的脚斗士运动员专项速度训练方法如下:

1. 变速训练法

变速训练法是一种有节奏地变换速度、练习强度的训练方法。过多采用极限强度的重复练习,有可能导致"速度障碍"的出现。变速训练法既可以预防"速度障碍",又可以打破极限强度训练单一化,还有利于运动员更轻松省力地完成技术动作,是有计划地提高速度能力的有效训练方法。例如,不同速度条件下的步法练习,会给运动员一种新的速度感觉,引起生理和心理上的新变化,中枢神经系统和神经肌肉协调将重新适应新的要求,有效提高运动员的专项速度素质。

2. 变向训练法

脚斗士运动是两人格斗对抗性项目,运动员必须在场上不断地变换运动的方向来与对手进行对抗,因此步法显得尤为重要。变换运动方向进行跑跳练习就可以提高运动员的专项速度,主要方法有(前进、后退)八字变换跳、两人间隔5米追赶跳、弧形跳等。

(四) 专项灵敏训练内容与方法

专项灵敏素质是运动员迅速、准确、协调自如地完成本专项各种技术动作的能力。它是在一般灵敏素质的基础上,多年重复专项技术,提高专项技能的结果。脚斗士运动员进行专项灵敏素质练习的方法如下:

1. 重复反应法

运动员通过视觉或者听觉,完成规定的单一性应答动作。例如,运动员进攻对方不同的有效部位,快速重复反应,提高其简单反应速度。又如两人快速绕腿训练法。

2. 视动反应法

在脚斗士比赛中运动员主要靠视觉判断对手的进攻方向和攻击动作的运行路线,随之果断确定适宜的防守动作,快速运用各种技法防护自身或反击对手。如,配对练习,观察对方进攻的方法,判断对方发出动作的方向、路线、高度和击打位置,提高自己的"预料能力"。并在此基础上,对对方发出某一技术动作,做出一至两个常规的防守动作。

3. 限制空间练习法

限制完成脚斗士技术动作的空间进行练习。如在缩小的运动场地里进行脚斗士各种技术动作的练习,来发展运动员的专项灵敏素质。

4. 变换练习法

在单腿支撑跳跃中做专门设计的迅速改变方向的各种复杂多变的练习,各种跳、躲闪、突然起动以及各种快速急停和迅速转体的练习等,如用"之字变向跳""躲闪跳""穿梭跳"等跳跃练习。

(五) 专项柔韧训练内容与方法

脚斗士运动中运动员两腿要成交叉才能进行比赛,这对运动员柔韧素质有很高的要求。如果肩、肘、腕、腰、髋、腿、踝关节柔韧性的训练不足,会造成肌肉、韧带僵硬,动作幅度小,这不仅直接影响脚斗士技能的提高,而且阻碍着力量、速度、协调能力的发展,还易使运动员在训练中发生损伤。脚斗士运动员专项柔韧训练是结合脚斗士项目的特点进行专门性的柔韧练习。根据脚斗士运动的特点,在各关节柔韧性的要求中对运动员髋部柔韧性的要求最高,因此在训练中特别要注重髋关节柔韧性的练习。主要的方法有横叉、竖叉、双腿交叉压髋部、下肢的正侧踢腿、里外摆腿等。

(六) 专项平衡训练内容与方法

脚斗士运动的基本形式是以单脚支撑跳跃,主要以非支撑腿的膝关节作为攻击对方的有效部位,必须做到以单脚支撑完成各种进攻与防守动作,这对运动员的平衡能力要求较高,因此,专项平衡训练是高质量进行脚斗士比赛的最基本保障,是脚斗士运动独特的专项身体训练内容。脚斗士运动员专项平衡能力主要是提高运动员单脚支撑的平衡能力,主要的训练方法如下:(1)单腿支撑(脚斗士基本姿势)持续(静止)平衡练习;(2)单腿支撑(脚斗士基本姿势)持续(运动)平衡练习;(3)模拟实战练习。

(七) 专项抗击打力训练内容与方法

抗击打力是指人体对外界击打的承受能力。脚斗士运动是一项对抗性很强的体育运动,是身体与身体的直接对抗。它不仅要求运动员有良好的力量、速度、耐力、柔韧、灵敏等素质,而且对运动员抵抗击打的能力同样有很高的要求。较强的抗击打力也是一名优秀脚斗士运动员所必备的基本素质之一。

抗击打力训练是为了提高运动员的抗击打能力而进行的专门训练,是脚斗士运动的一种独特练习形式。通过抗击打力训练,不仅能使骨骼变得粗壮、坚硬,有效提高运动员身体的灵活性,为脚斗士技、战术的发挥打下良好的基础,而且对增强自我保护能力、避免和减少运动损伤等都具有重要作用。

抗击打力训练常用的方法有以下几种:(1)拍打训练:有自我拍打和相互拍打两种,特别是拍打有效部位的训练;(2)倒地训练:在脚斗士训练和比赛中经常会出现倒地的现象,为此,运动员必须掌握合理的倒地技术,加强摔跌训练,以增强抗震能力,进而避免伤害事故的发生;(3)模拟实战训练:如限定一方防守,另一方进行针对性或随意性进攻,以提高运动员的抗击打力和被击中后的应变能力。

第三节　脚斗士运动员心理训练

心理训练、体能训练与技战术训练共同组成了现代训练体系。强大的体能是保证比赛胜利的生理物质基础。精湛的技战术是取胜的基本条件,而良好的心理品质则是体能和技战术得到充分发挥的内部动力。科学研究表明,人的运动潜能的发挥,在于体能、技能和心理因素的有机结合。广义的心理训练是指有意识、有目的地对运动员心理过程和个性心理特征施加影响的过程,是培养心理品质,以促进技战术提高和增强身心健康。狭义的心理训练是指采取专门、具体的方法和手段,使运动员学会调整和控制自己的心理状态,消除不良心理障碍,保持心理稳定性,发挥运动潜能。心理训练在训练体系中所占的地位,因项目、运动员的心理特点不同而有所差异。脚斗士运动员的心理训练是指通过各种方法和手段有意识地对运动员的心理过程和本性特征施加影响、使运动员学会调节自己的心理状态的各种方法,为更好地参加脚斗士训练和比赛,争取优异成绩做好各种心理准备的过程。

一、心理能力及其训练的类型

(一)运动员心理能力概述

运动员心理能力即指运动员与训练竞赛有关的个性心理特征,以及依照训练竞赛的需要把握和调整心理的过程的能力,是运动员竞技能力的重要组成部分。脚斗士项目因其自身的特点,在训练中尤其要注重这方面的训练,与技战术具有同等重要的地位。脚斗士运动员心理训练的类型:

1. 依心理训练内容与专项需要的关系划分

依心理训练内容与专项需要的关系,可将心理训练划分为一般心理训练和专项心理训练两大类。通过一般心理训练发展运动员普遍需要的心理品质,既适应于参加运动训练和竞技比赛的心理特征,以及健康、稳定的心理过程。而通过专项心理训练,则集中发展从事艰苦的专项训练和成功地参加专项比赛,特别是高水平竞赛所需要的个性心理特征以及特定的心理过程。在脚斗士项目中,既需要有耐力性项目运动员顽强的意志品质,又需要对抗性选手的准确判断能力,还要有在使用组合技术时的高度自控能力,更需要强烈欲望和必胜信念等。

2. 依心理训练目标与训练及比赛的关系划分

依心理训练目标与训练和比赛的关系,可将心理训练分为比赛期心理训练及日常心理训练两大类。通常,赛前心理训练集中于调整运动员的心理过程,而日常心理训练则偏重于改善运动员的个性心理特征。依照比赛的需要所进行的心理训练包括赛前的心理准备、赛中的心理控制和赛后的心理调整。一般来说,赛前运动员的体能、技能及战术能力均相对较为稳定,而其心理活动却非常活跃。心理状态的变化常常会对运动员最终参赛的结果产生巨大的影响。因此在比赛前,激发运动员的比赛动机,控制其适宜的激活水平,增强运动员的参赛信心,形成积极的心理定式,形成理想的赛前心理状态尤为重要。一般在赛前 2～3 周开始,其具体任务有:使运动员了解此次比赛任务的社会意义,激发良好的比赛动机;搜集和研究将面临的比赛及对手的心理素质等各方面的情况,然后对身体、技战术、心理品质进行比较,制定出克敌制胜的策略与战术;赛前训练创造一定的条件,以便运动员消除过度的心理紧张;在提高运动员意志品质、信心和战术思维的条件下,训练他们善于克服各种困难以及应付突发障碍的能力。一般可通过调查、分析,做到知己知彼,在了解比赛对手和其他有利或不利的情况下,主要采用模拟训练方法,包括语言形象模拟和实际景象模拟等。

运动员在比赛过程中情绪的体验往往最为深刻,其变化也最激烈。比赛过程中随着比赛环境及其不断的变化,都会给运动员的情绪以强烈的影响。因此,保持良好的稳定情绪则成为脚斗士运动员充分发挥其体能、技能及战术水平的关键。它既可直接影响比赛的结果,也是对运动员心理能力的一种高强度,甚至极限强度的训练。它分为每次比赛前的心理调节和心理状态控制,一次比赛中心理影响,两次比赛间(包括每局比赛之间)心理影响,赛后消除生理和心理疲劳等。常用临场情绪控制的方法有调节呼吸练习、自我语言暗示法、转移注意力法、自我训练法、静坐闭目养神法,以及颈部、肩部肌肉松弛法等。总之,在脚斗士临场进行心理控制时,一定要根据脚斗士项目的特点和比赛的要求灵活掌握。同时在实践中还可以摸索出更有效的调节控制方法,如脚斗士实景模拟和脚斗士语言图像模拟。

竞赛结束后的心理调节,同样是心理训练的重要组成部分。比赛有胜必有负。由于成功或失败都会使运动员在比赛后产生各种心理活动,也伴随着各种积极和消极的情绪体验。对于比赛的胜利者,应充分肯定他们在比赛中积极的情绪体验,同时亦应注意消除由于胜利而掩盖了的比赛中消极的情绪体验,以及由于不能正确对待胜利而产生的自满、松懈等不良的情绪体验。对于比赛失败者,则应力求避免因失败而带来的消极情绪体验,并应寻找和发扬其在比赛过程中局部的积极的心理体验,以激发其再战求胜的强烈动机。消除运动员的心理疲劳主要采用放松法:(1)语言诱导调节。赛后,教练员谈笑风生,运用富有情趣和生动活泼的语言进行引导,与暗示调节相结合,使身体和精神得到合理的放松,从而达到恢复、储备生理和心理能量的目的;(2)情绪转移调节。运动员到一个新环境中进行适当有益的活动,把注意力由紧张的比赛转移到与比赛无关的情境,从而达到解除身体和精神疲劳的目的。

脚斗士运动员日常训练过程中的心理训练应偏重于改善运动员的个性心理特征。应根据运动员年龄、训练年限以及所处训练阶段的不同,安排不同比例的一般和专项心理训练。基础训练阶段的脚斗士运动员,应以改善其一般的个性心理特征为主,随着专项训练任务的加重,改善适应于专项特点的训练和竞技需要的个性心理特征的训练安排比重则逐渐加大。

(二) 运动员心理能力训练的常用方法

运动员进行心理训练的方法很多,脚斗士运动员常用方法可归纳为以下几种:

1. 暗示和放松训练

这种训练是通过语言暗示(他人或自我的),调节植物神经系统机能,使神经和肌肉得以放松的方法。一般采用放松训练的方法可以分为几个步骤:

A. 开始姿势。舒适地仰卧在床上或长凳上,坐姿亦可。两臂自然地放在体侧,两腿稍叉开,姿势确定后,初期应闭目,尽力使心绪安静。

B. 正式练习入静。

练习一:一臂充分放松,使其产生沉重感,暗示语"我的臂很沉重"。收效后,要使这种沉重感扩展到其余肢体。

练习二:使外周血管扩张,肢体产生温暖感。每次暗示时,都要在内心使过去有关体验重现。如想象自己右臂正浸泡在热水里;每天做2~3次,经10天左右,一般就能做到四肢产生温暖感了。

练习三:调节呼吸器官,使之有节奏地呼吸,更加深沉安静,暗示的同时,使自己感到呼吸缓慢而有节奏。

C. 对内脏器官产生影响的练习,将注意力集中于腹腔丛,两手交叉压放在腹腔丛部位,使腹部产生温暖感。沉重和温暖感都集中于腹腔丛,腹部从容地参与均匀呼吸,随着掌心下面的舒适温暖感在扩散,好像整个腹腔丛在散发热气。

D. 对心血管系统施加影响。通过暗示调节心率,在默念同时好像感到自己的心脏在有节奏地跳动。

通过上述活动,能有意识地调节由肢体到呼吸,进而内脏、心率和大脑的活动状况,从而调节植物性神经机能,使肌肉放松,消除疲劳,解除紧张,达到储备生理、心理能量的目的。对参加比赛的脚斗士运动员来说,不仅要学会控制肌肉放松、调整兴奋和抑制的平衡状态,还要善于动员身心的全部潜能,更好地进入竞技状态。

2. 模拟训练

这是根据比赛对手、环境、条件等方面的了解与分析,做出适应这些情况的训练安排,模拟训练的内容应尽可能与比赛情况相似,以加强应付各种变化情况的适应能力。这对没有什么比赛经验的新手来说尤其重要。模拟分为实景模拟和语言图像模拟两种:

A. 实景模拟。在训练过程中,设置运动竞赛的情景和条件,让运动员感到训练情景和正式比赛时一样。除了比赛情景外,还要对作息时间、饮食起居等干扰因素的模拟。对对手技术的模拟也相当重要,即陪练队员采用对手的技术来帮助参赛队员提高在比赛中的适应能力。

B. 语言图像模拟。即利用语言和图像进行表象的模拟练习。如描绘未来竞赛的情形,引起运动员大脑的暂时神经联系活动,从而形成对比赛情境的先期适应,有利于比赛时的心理稳定。

3. 集中注意力训练

在比赛前和比赛中,人的注意力容易受到主、客观条件的影响。因此,保持注意力的高度集中,是比赛获胜的重要条件。注意力分散的原因,往往是情绪波动、杂念过多,或是精神和身体的疲劳,以及比赛环境不适应等。但从注意力分散到集中,必须通过一段时间训练,加强注意的稳定性,提高抗干扰能力。其具体措施如下:

A. 培养对脚斗士运动的浓厚兴趣和良好动机。这样有助于训练、比赛时全神贯注。

B. 培养意守能力。即把注意力集中在如"丹田"这样的穴位或内脏器官上,使得外界事物对自己不起或少起影响作用。与此同时,还可以和"视觉守点、听觉守音"结合起来练习。

C. 正确地选择注意对象。即注意对象(心理定势)应在动作完成的敏捷和顺畅上。如果注意集中到比赛环境或者比赛名次上,则可能起副作用。

D. 在日常生活中,办事要有主见,贯彻始终,尽可能减少暗示性。

4. 表象重现与念动训练

表象重现训练是运动员有意识地、系统地在脑中再现已形成的运动动作表象。在训练和比赛时,运动员用语言暗示重现过去最佳竞技状态的运动表象。这种重现,可以是比赛情景,也可以是情绪体验的表象。但其内容必须是积极的、正确的、成功的。这样会唤起运动员的信心,消除紧张情绪。为了增强表象训练的效果,技战术动作表象时间的长短、节奏应尽可能与比赛中的实际情况一致。

以上仅介绍常用的心理训练方法,教练员和运动员在运动实践中也可以根据每个人的具体情况、每次比赛具体情景,灵活加以运用或创造更好的方法。

(三) 常见心理现象及克服方法

由于外界刺激的增强,而导致较强的心理压力,并通过运动员的比赛行为表现出来,如畏惧心理、过分紧张心理、竞赛动机不端正、目的不明确、信心不足,甚至还有性格孤僻或情绪暴躁等现象。

1. 心理紧张的克服方法

不少脚斗士运动员在比赛之前由于对比赛刺激因素及本人参赛条件作出了具有威胁性的评价,从而产生紧张的心理反应。运动员参加重大比赛之前需要有一定的心理紧张,以便把机体各组织、器官、系统动员起来。运动员特别是要提高中枢神经系统的兴奋性,以便调动人体潜在的能量,在比赛中创造出好成绩。但是,运动员心理过度紧张,会使大脑皮质对植物神经系统和皮质下中枢的调节活动减弱,呼吸短促、心跳加快,更有甚者四肢颤抖、尿频。这必然使运动员心理活动失常,很难把注意力集中到比赛上去;对动作知觉和表象模糊不清;对教练员的布置与嘱咐听不进去;失去控制自己行动的能力等。这都必然会影响到比赛的结果。造成运动员心理过分紧张的原因很多,如训练过度恢复不好、睡眠不足、压力过大、害怕对手、对成绩期望过高、过去失败表象的重现等。

A. 表象放松法。这种方法是使运动员想象他通常感到放松与舒适的环境,让运动员在脑子里将自身置于这个环境之中,使身体得到放松。使用这种方法的关键在于使表象中的环境清晰,在大脑中能生动地看到想象中的环境,增加情境对运动员的刺激程度。

B. 自我暗示放松。开始由教练员指导运动员依次放松身体的各个肌肉群,同时增强呼吸,经过几次指导之后,让运动员自己独立完成。在开始时要花费较长的时间才能使全身肌肉放松,以后会使时间逐渐缩短,最后可用较少时间使全身肌肉得到放松。在进行放松时,还可以使用暗示语或录音带。

C. 阻断思维法。具体做法是,当运动员由于信念的丧失出现消极思维,引起心理紧张时,运动员利用大吼一声,或者向自己大喊一声"停止",去阻断消极驱动力的意识流,以积极思维取而代之。教练员还可以确定一个响亮的信号供运动员作为阻断消极思维之用。此外,教练员还可以帮助运动员确定一个用以代替消极思维的积极而切实可行的活动,用以阻断消极思维。

D. 音乐调节法。选听不同的音乐能使人兴奋,也可以使人镇定。音乐给予人的"声波信息"可以消除大脑所产生的紧张,也可以帮助人内在地集中注意力,促使大脑的冥想井然有序。在大赛之前,让心理紧张的运动员听听音乐,可以调节情绪。

E. 排尿调节法。人在情绪过分紧张时,会出现尿频现象。这是因为情绪过分紧张,大脑皮质抑制过程减弱,兴奋过度,使得大脑皮质下中枢和植物神经系统调节作用减弱,如果能及时排尿,在一定程度上会使运动员产生愉快感,使心理和肌肉得到放松。

总之,具体手段要根据脚斗士运动员情绪紧张的特点和原因来确定。要因人而异,采取具体的灵活手段转移紧张情绪。这些心理训练方法和手段,必须贯彻在平时的心理训练之中,使脚斗士运动员既有紧张情绪的体验又有自我控制紧张情绪的能力。

2. 心理胆怯的克服方法

心理胆怯是一些运动员经常出现的一种心理状态,心理胆怯使大脑皮质的控制系统陷入混乱状态,打乱了神经系统的控制,引起机能失调,使运动员在比赛时不能发挥出应有的水平。克服胆怯的方法是要找出使运动员胆怯的原因,解除思想负担。一般地讲,造成运动员胆怯的原因有:

A. 运动员不相信自己的力量,对比赛缺乏胜利的信心。

B. 运动员对比赛胜败计较得过多,要求自己必须取得比赛的胜利,压力过大。

C. 惧怕名气大的对手。

D. 参加大型比赛、重要比赛，使运动员压力过大，自觉或不自觉地产生胆怯感。

E. 对观众、环境不适应，会感到有一种特殊的刺激气氛，心里产生胆怯。

对运动员心理胆怯的克服方法，必须对症下药、有的放矢。教练员应认真查找运动员产生胆怯的原因，有针对性地采取有效的措施加以克服。

3. 注意分散的克服方法

注意是心理活动对一定事物的指向的集中。把注意力集中在某一对象或活动上为注意的稳定性；造成注意分散有客观与主观两方面的原因。外部刺激常容易造成注意分散，如果出现一种能够引起不随意注意的客观事物时，常会吸引我们的注意力，从而出现注意分散现象。克服注意力分散的方法：

A. 在平时应加强培养运动员不为其他念头或事物干扰而分心的能力。

B. 使运动员对他所从事的事业、所实践的活动有强烈的愿望和浓厚的兴趣，这种来自内部的动机会使人的注意力高度集中。

C. 在日常生活中使运动员养成做事有头有尾、坚持到底的良好习惯。

D. 在参加比赛时，要引导运动员不要过多关注比赛的结果，而应把注意力集中在比赛的过程中。

E. 在比赛之前消除担心、害怕等心理状态，避免情绪波动。

F. 让运动员做一些"视觉守点、听觉守音"的练习，以便注意力集中。

4. 心理焦虑的克服方法

运动员适当的焦虑可以激起其改变自身现状的紧迫感，从而进一步谋求达到某种目标。但如果运动员对预计到的威胁产生过度担忧和过分的恐慌，此时，往往会夸大比赛的困难程度，小看自己的实际能力，害怕比赛成绩不好，害怕辜负了教练员、家长及他人的期望而产生焦虑，则不利于成功地参加比赛。克服焦虑的方法：

A. 引导运动员把思想集中于比赛过程，少考虑比赛的结果。

B. 进行积极的想象，采用放松训练的一些方法，消除焦虑情绪。

C. 赛前也可以演练一下比赛的情形，把注意力集中到比赛中去。

D. 在完成动作之前可以将整个动作及完成动作时的思想状态按照程序默想一遍。

二、常见不良情绪与控制方法

(一) 情绪消极的克服方法

情绪消极是指运动员在激烈竞争的刺激下,对超限心理负荷所产生的一种失常的心理体验。表现为情绪低落、内心惴惴不安、有恐惧感、紧张过度和情绪失控等。由于这些心理状态的出现,使运动员的生理状态发生一系列的变化,如心跳加快、呼吸困难、身感乏力等,并会导致智能下降、知觉迟钝、行为刻板,对比赛失去信心。克服情绪消极的方法主要有:

1. 激励法。教练员应根据运动员个性与客观影响,激发运动员比赛的士气,把消极情绪转化为积极情绪。

2. 转移法。运动员的恐惧、不安和紧张的心理状态往往是由于特定的思维定式和注意定向所引起的。对此可采用注意力转移方法,使用一些刺激物去消除引起情绪消极的诱因,从而减缓和排除消极情绪。

3. 升华法。在比赛中时常出现运动员的某些"能量"在一定场合下释放得恰到好处,可是在另一场合下适得其反的现象。如勇气是运动员必有的品质,可是有时在某些场合下有的运动员也可能干出一些凭蛮劲而盲动的事情。这时,可以通过升华法,使运动员提高认识,增强克制力,规范自己的行为。

4. 暗示法。利用客观刺激物对运动员的心理进行调节,如在比赛中运动员从教练员的从容表情、轻松的语言及和蔼的态度等都会得到鼓舞,消除消极情绪。运动员也可通过自我暗示,运用指导语来调节中枢神经系统的兴奋与抑制,从而形成一系列反射活动,使消极情绪得到控制。

5. 体验法。有消极性情绪的运动员通过参加比赛去体验比赛,提高运动员对恐惧、紧张的免疫力,控制消极情绪的产生。

(二) 情绪激动的克服方法

有些运动员在赛前情绪过分激动,生理过程表现出呼吸断续、心跳加快、四肢颤抖和心神不定,在行动上不能很好地控制自己的行动,表现为动作忙乱、坐立不安,知觉和表象不连贯,注意失调,遗忘与比赛有关的重要因素,记忆力下降等。导致赛前过分激动状态的原因主要是刺激物引起运动员大脑皮质抑制过程减弱,兴奋过程升高,致使大脑皮质下中枢和植物神经系统调节作用减弱。因此必须采取措施控制适宜的动机和期望水平,培养运动员的适应能力和自我控制能力。过分情绪激动的原因与克服方法有:

1. 运动员产生情绪激动与运动员的训练程度和比赛经验有关,应提高运动员的训练程度,丰富运动员的比赛经验,对初次参加重要比赛的运动员更应如此。

2. 运动员产生情绪激动与个人特点有关,有的运动员个性倾向比较突出,易冲动,在赛前很容易激动,对这样的运动员要加强自我调节能力的训练。

3. 提高运动员的动机水平。动机支配行为,是直接推动运动员参加训练与比赛的内部动力。高尚的动机可以使运动员在参赛时的心理处于良好的准备状态。而希望通过比赛出名获利,或显示一下自己的个人狭隘动机,则常常会在比赛中发生包括情绪激动在内的不正常的心理状态。在平时,教练员应加强对运动员参加比赛动机的教育,使他们树立高尚的动机。

(三) 心理淡漠的克服方法

赛前淡漠状态与运动员大脑皮质兴奋过程下降、抑制过程加强有关。运动员心理淡漠,表现为情绪低落,意志消沉,精神萎靡,体力下降,对比赛缺乏信心不想比赛,知觉、注意力强度减弱,反应迟钝,会严重影响比赛结果,使比赛成绩显著下降。克服心理淡漠的方法:1. 帮助运动员分析比赛的情况,使他们正确认识比赛的主客观有利条件,并且应制定具体可行的比赛措施,使运动员增强比赛信心,鼓舞斗志;2. 帮助运动员形成高尚的比赛动机,端正对比赛的正确态度;3. 防止过度赛前训练,使运动员情绪高涨,以饱满的热情参加比赛。

(四) 盲目自信的克服方法

这种状态表现为表面兴奋、内心空虚,他们虽然口头上也喊有信心,但其信心是建立在对面临比赛的困难和复杂性估计不足。当一名运动员参加比赛的信心超过了他实际具备的能力时,便产生了盲目自信。运动员产生盲目自信多是由于对即将来临的比赛的复杂性、艰巨性和苦难情况估计不足,过高地估计自己或本队的力量,相信自己能轻易取胜所致。具体表现为:不认真分析与研究比赛的对策;对比赛漫不经心,注意力分散;思维迟缓,自以为是;当遇到意想不到的困难与挫折时,便显得慌手慌脚,心情急躁,束手无策,对失败感到沮丧。克服盲目自信的方法:(1)教育运动员认真对待每一次比赛,胜不骄,败不馁;(2)学习辩证唯物主义的方法论,使运动员学会科学、全面地分析问题;(3)每次比赛之前,教练员都应带领队员实事求是地分析己彼各方的实力,充分估计可能出现的各种困难情况,使运动员处于良性的战斗准备状态。

总之,脚斗士运动员心理训练不是一朝一夕就可以完成,而是在平时进行身体素质和运动技术训练的同时,根据脚斗士运动员的个性特点进行有区别的心理训练,只有这样才能有效克服心理障碍,提高心理素质,从而达到提高脚斗士运动员的运动成绩的目的。

第四节 脚斗士运动员技战术训练

脚斗士运动是一项历史悠久且有较好群众基础的大众体育项目。该项目在2006年举办正式比赛,对脚斗士运动员竞技运动表现可通过比赛技战术、体能、比赛心理和行为等来判断。技战术水平在比赛中发挥得如何,主要取决于平时技战术训练的水平,其中技术训练是为使运动员掌握与提高专项运动技术的一种训练,战术训练是为提高战术能力,包括战术风格、战术知识、战术意识和战术行动等。

一、技术训练

(一)技术训练概念界定

技术训练是完成体育动作的方法,是运动员竞技能力水平的重要决定因素。技术训练是运动训练的重要内容之一,是为使运动员掌握与提高专项运动技术的一种训练。技术训练要求在全年、多年训练中系统地进行,并注意建立正确的技术概念,做到全面、实用、准确、熟练,以及结合运动员个人特点,使之形成独特的技术风格。

(二)技术训练主要方法

1. 空击练习

即没有对手对抗或辅助器械作为攻击目标的空跳练习。空击练习是熟练掌握技术动作的重要训练手段之一。通过空击练习可不断巩固正确的技术动作,不断加强条件反射,尽快形成动力定型。空击的形式多样,可单练亦可进行多人同时练习。

2. 手攻练习

即由一名或多名队员用手作为进攻部位,对一名队员进行压、挑、推和旋转的进攻。这种训练方式对抗强度低,但能保持进攻的连续性,能够提高运动员防守技术的稳定性和连续性。

3. 辅助器械练习

利用专门的辅助器械,如拳击沙袋等,进行专项进攻和抗击打练习,提高运动员进攻技术的稳定性和连续性。

4. 专项攻防练习

专项攻防练习一般是两人一组,其中一人只采用某种进攻方式,另一人只采用防守方式。进攻的队员开始只做单招进攻,逐渐过渡到连招进攻。这种专项攻防练习可有效提高运动员对技术动作的控制和运用能力,培养攻防意识,并且可以消除和预防初学者的害怕心理,预防运动损伤的发生。

5. 条件实战练习

条件实战是两人一组在控制力度和速度的情况下,将力度和速度控制在一定限度内进行的近似实战的练习。这样能够使运动员消除恐惧心理大胆运用所学技术动作。

6. 实战练习

实战是检验和提高技术的重要方法,是总结、积累实战经验的有效措施。实战必须完全按照比赛的规则,有裁判员进行现场执裁,进行完全的对抗。

(三)技术训练注意事项

1. 技术训练应与体能训练紧密结合,良好的体能是技术发展和表现的重要基础,在激烈的对抗中,没有体能作为保障,再先进的技术也只是可以观赏的花架子,不具有实战意义。

2. 注重基本技术的训练，并根据运动员的特点，发展与其个人体能特点相符合的优势技术。

3. 注意规则对运动员所采用动作技术的规定与限制，及时发现运动员在训练中所出现的有悖于竞赛规则的技术动作并给予纠正。

二、战术训练

(一) 概念界定

战术作为一个概念和体育术语，在训练和比赛中被广泛使用。对其概念进行正确的描述，有助于比赛成绩和训练水平的提高，同时也便于学术交流。作为一个新创体育项目，脚斗士战术可以概括为：在脚斗士比赛中为战胜对手或为获得期望的比赛结果而采取的计谋和行动。

(二) 战术分类

对脚斗士战术进行分类，是为了使具有特定的内涵和外延的各种不同性质和形式的脚斗士战术便于在训练和比赛中交流和运用。

1. 按战术执行人数分类

(1) 个人战术

脚斗士个人战术是指运动员单独完成的各种战术行动。它是运动员在比赛中针对临场变化的情况，独立地完成局部战术意图的行动。个人战术是在比赛中有策略地对复杂多变情况果断作出应答性的技能与技巧。个人战术的运用包括运动员独立采取的战术行动，也包括团体项目中在集体配合中采取的个人战术行动。脚斗士个人战术在运用时一般应遵循独立自主、注重配合、具有个人风格三条原则。个人战术区别于个人技术的关键在于完成动作的行为是否出于战术意图及战术配合的需要。

(2) 团体战术

团体战术是指在脚斗士团体对抗赛中，每名运动员按照教练员的统一部署，协调配合完成的战术行动。团体战术中包含着个人战术，但又不是个人战术的简单相加，团体战术远大于局部之和。个人战术运用与团体战术运用，是局部与全局、个体与整体的关系。前者是后者的基础和组成部分，后者则是前者的合理组织和综合体现，是个人战术发挥的有力保证。应当重视个人战术基础上的团体战术配合,强调个人战术的熟练准确和集体配合的精确,以提高战术的成功率,减少失误率;同时注重在集体的密切配合下,充分发挥个人的特长,以调动全队的积极性和首创精神。

团体战术在运用时一般应遵循三条原则:一是战术思想统一,即要求全队战术思想要统一,每个队员对本队的战术计划要明确清晰,这是全队实施战术行动的基础;二是战术行动统一,运动员要遵循战术纪律,依照确定的战术方案,有组织有纪律地执行,这是集体战术水平发挥的基础;三是将个人战术能力融入集体战术之中,既强调集体配合又不忽视单兵作战。只有每个队员发挥出自己最大的能力和潜力,集体的能力才能得到充分发挥。丰富的个人战术能够有效地促成团体战术的实现。

2. 按战术攻防性质分类

脚斗士属于对抗性极强的运动项目,战术的攻防性质最为突出,可分为进攻类战术和防守类战术。

(1) 进攻类战术

进攻类战术是指主动攻击或发动攻势时所采取的实现战术企图的有组织的以突破为目的的行动。脚斗士进攻类战术一般应遵循以下原理:

①选择恰当的进攻点

进攻的效果关键在于进攻点的选择:一是对对方防守薄弱之处发起攻击;二是用我方的强势技术发起攻击;三是在不被对手注意的地方发起攻击,出其不意。进攻点选择的关键在于运动员的临场判断、灵活运用。

②捕捉准确的进攻时机

在选择恰当的进攻地点的基础上,捕捉准确的进攻时机也十分重要。然而在比赛中常常出现这样的情况:在恰当的地点却未能出现适当的时机,必须当地点和时间两个条件同时具备时,才可能出现突破口。如何捕捉准确的进攻时机,应依据三条准则:一是动中寻机,利用积极的移动寻找准确的进攻时机;二是创造机会,利用跳引、假动作或佯攻等技战术诱使对手出现破绽;三是连续攻击,在寻找创造第一个进攻时机时,往往隐藏着第二、第三个进攻的时机,当第一个突破口失去时,要善于连续创造进攻的机会。

③采用合理的进攻方法

恰当的进攻突破口的出现,只是具备基本条件,最后进攻实施的效果要靠运动员采用合理的战术办法来实现。因此,在不同情况下运用最恰当的战术方法是非常重要的。选择进攻方法应依据四条准则：一是战术方法的运用要实用简捷，避免花哨；二是战术方法的选择应不拘一格，避免盲目；三是战术方法的选择应不拘一格，避免千篇一律；四是战术方法的选择应具准确性，避免失去大好时机。

（2）防守类战术

防守类战术是指在阻碍对方进攻时所采取的一系列战术。在比赛中，防守战术的成功运用，不仅能有效地阻止对方的进攻，还能化被动为主动。如何成功运用防守战术，应遵循以下原理。

①灵活多变的防守策略

如何在脚斗士防守过程中灵活防守，随机应变，一般应遵循三条准则：一是防守战术须随机应变，不可死守一种防守战术一赛到底；二是防守战术变化的依据是根据对方进攻战术变化而变化，不可一厢情愿，盲目行动；三是防守战术的变化应有利于转入下一轮战术进攻，不可忽略防守中蕴涵着进攻因素的意义。

②守中有攻的防守意识

防守相对进攻而言是被动的，如何才能抵抗住凶猛的进攻，这就需要运动员有顽强拼搏的精神和守中有攻的战术意识。这一点是脚斗士防守战术得以实现的根本保证。只有将进攻寓于防守之中，将消极防守变为积极防守，防中有击，守中有攻，才能真正掌握比赛的主动权。在运用防守战术时应遵循两条准则：一是运用防守战术的运动员必须充分发挥顽强拼搏的精神；二是运动员在运用防守战术时，必须始终具有强烈的寻机目的和反击意识，在防守中寻找对方进攻的薄弱部位和可乘之机，并适时地转为防守反击。

3. 攻防组合类战术

攻防组合类战术是指采用攻防混合的方法达到克敌制胜目的的战术或战术组合。攻防组合类战术，一般可以分为防守反击战术、攻防战术、多次防攻战术、多次攻防战术等。

（三）战术训练原则

1. 实效性原则

脚斗士战术训练应立足实战，树立"练为战"的思想。因为战术运用的目的就是为了制胜，虚晃一招，不仅不利于制胜，而且会妨害制胜。训练要针对实战,解决问题,力戒华而不实。

2. 一贯性原则

脚斗士战术训练应贯穿整个训练过程,一以贯之。战术理论知识的掌握并不是一蹴而就的,战术思维能力的培养、良好战术思维定式的养成,需要一个长期的过程,战术行动能力的训练更是一个长期的渐进过程,只有假以时日,方能炉火纯青。

3. 结合性原则

脚斗士战术训练不是"单打一",应该同体能、技能、心理、智能的训练结合起来进行。运动员竞技能力并不是各构成能力的简单代数和,而是它们的有机合成。战术能力要参与合成竞技能力,必须和其他能力训练结合起来进行方显其效。

4. 全面性原则

脚斗士实战对抗的复杂性决定了脚斗士战术训练的全面性。只有形成全面的战术能力,才能在比赛中争取主动,应付自如,制敌而不制于敌。

5. 灵活性原则

脚斗士战术不是一成不变的程式,战术方案更是弹性的构成。擂台之上,战机稍纵即逝,形势瞬息万变,战术思维需要极度快速、极度活跃。要严密观察对手姿势、身体重心、动静、劲力、呼吸、精神意识上的微妙变化,随机应变,采用灵活的战术行动,或单一,或组合,极具"随机性"。灵活性原则是脚斗士战术能力训练的核心原则。

(四) 战术训练方法

脚斗士战术能力的训练,是一个渐进、全面、系统的过程。战术意识、思维、谋略最终体现在实际运用上。因此,战术训练的重点是通过大量的实践练习,掌握各种战术方法和战术配合,并在教学比赛中巩固提高。由于战术是对抗类项目制胜的决定因素,因此战术训练在脚斗士训练中所占的比例最大。战术训练的特点:一是战术训练内容丰富,其中战术方法的掌握、战术意识的培养、战术能力的提高等应面面俱到,不可偏废;二是训练中技术训练、战术训练、意识训练三者的关系密不可分,融为一体;三是战术训练必须在对抗状态下进行,方可收到应有的效果;四是整体战术配合是提高战术运用质量的核心环节。脚斗士战术训练主要有以下几种方法。

1. 战术理论训练法

通过传授知识、掌握技能和开发智能等途径，使运动员学习掌握文化理论知识和相关学科知识、体育专业理论知识以及脚斗士的专项理论知识。组织运动员通过对脚斗士战术理论学习、实战观察与分析，尤其是掌握战术训练的心理学基础、战术训练的方法学基础等。帮助运动员树立正确的战术指导思想，养成良好的战术观念和战术素养，从而提高战术思维和行动能力。

2. 分解与综合训练法

一场比赛应有战略思考。战略抉择一般由几个相对独立的战术组成。在平时的训练中，应首先让运动员学习和理解好各个战术，待掌握各战术的基本能力提高以后，再过渡到综合训练法。将各战术结合起来训练，使运动员能够流畅地完成战术组合运用。在这里，应注意各战术转换运用的时机与方式。这样既利于发挥各种方法的长处、克服弊端，又利于发挥整体效能。

3. 减难与加难训练法

脚斗士战术训练往往具有相当难度，因此在训练的初始阶段，如果直接按照比赛难度进行训练，则不利于脚斗士战术的掌握，而应先主要采用降低对抗强度的方法减难训练，待训练熟练后，逐步提高难度至比赛要求。对于高水平运动员，则应采用增难训练法，用高于比赛难度的要求进行训练，立足制胜，以提高运动员在复杂困难的情况下的战术能力，如小级别对抗大级别、一人对抗多人等。

4. 想象训练法

也叫假设敌训练法，是运动员在大脑内部语言和套语的指导下，进行战术表象回忆，设想自己与不同打法、不同特点、不同风格的对手对抗，努力使自己"身临其境"，进行各种攻防战术练习的心理学训练方法。这种方法能够帮助运动员在大脑中建立丰富而准确的战术运动表象，培养战术素养，掌握各种战术的具体使用方法。

5. 实战训练法

实战训练法是指在比赛中培养运动员战术能力的方法。"既学艺，必试敌"，运动员通过训练获得的战术能力必须通过实战的检验，通过实战训练才能使这些能力更具有实效性、灵活性、全面性。这种方法可使运动员对战术的理解更直接、更深刻，有利于丰富运动员的临场比赛经验，增强运动员的战术思维能力和行动能力。实战是训练和检验运动员战术能力的最终手段，更是重大比赛前最重要的训练方法,可以及时发现问题、总结经验、检验战术方案有效性。最常见的是比赛前安排热身赛、邀请赛等。

尽管上述不同训练方法对脚斗士运动员战术能力的形成起着不同作用,但在实践中不是相悖运行的,而是紧密联系,相互促进和完善的,另外,还有语言法、直观法等。

(五) 战术训练进阶

战术训练是一个完整的训练体系,训练必须具有科学性和系统性,按照其特定的战术训练计划与规律有序地进行,方可收到预期的效果。脚斗士战术训练的程序主要可分为以下几个阶段。

1. 基础训练阶段

处于基础训练阶段的运动员,战术训练的主要任务是打好专项素质基础、学习基本技术和学习战术的基本知识。因此,此阶段战术训练、技术训练和身体素质训练的比例通常是 2∶4∶4。由于运动员尚处于战术理论学习阶段,掌握的技战术方法不多且不熟练,因而此时的战术训练不宜太复杂、太细致。应以学习战术的基本知识、基本方法和在单个战术教学中培养基本战术意识为主。要先学习和掌握部分简单战术,再根据战术训练的要求,逐步反复练习并尝试。同时,应初步了解战术运用的时机和条件,并掌握基本战术的变化规律和运用规律。应抓好场上位置与战术运用的训练,这是因为每个战术位置在整体战术运用中所担任的角色不同,对战术、技术的要求不同。所以,场上位置与战术训练是一种针对性的训练和特殊化的训练,只有每个运动员对自身场上位置意识增强,才能使选择战术及其行动处于良好的状态。

2. 提高训练阶段

处于提高训练阶段的运动员,训练的主要任务是熟练掌握专项技战术,并学会在教学比赛中合理运用。此阶段战术训练的比例明显上升,通常战术训练与技术训练、身体素质训练的比例是 4∶4∶2。由于从事此阶段训练的运动员已经较全面地掌握了专项运动基本技术和基本战术,并能较为熟练地运用,因此,战术训练以提高战术组合质量,以及提高赛场战术运用的适时性与合理性为主要内容。此时战术意识的培养和个人战术特色与集体战术风格的培养十分重要。

3. 最佳竞技阶段

处于最佳竞技阶段训练的运动员,训练的主要任务是提高出色地完成各种赛事任务的能力,此阶段战术训练的比例更明显高于技术训练和身体训练,通常是 5∶3∶2。由于运动员已经处于竞技训练高峰,各方面的状况趋于成熟与完善,此阶段战术训练的任务主要是培养运动员在比赛实践中的战术应变能力,培养运动员的战术谋略意识和掌握谋略的方法,最后形成自己独特的战术风格以及灵活多变的战术运用,发挥其自身潜力和出色完成各种战术任务的能力。

(六) 战术训练注意事项

1. 强调战术训练与其他训练相结合

战术训练必须与体能训练、技能训练、心理训练和智能训练结合起来。战术是建立在体能、技能、心理和智能基础之上的。良好的体能是完善战术能力的物质前提,技能的全面化决定战术的多样化,良好的心理素质和发达的智能水平则为战术素养、战术思维、战术行动能力提供心理和智力支持。因此,战术训练必须与其他训练合理科学搭配,以期整体竞技能力的提高。

2. 在牢固掌握常用战术的基础上加强战术创新

常用战术是对传统战术的继承和实战经验的总结,无疑是极为有用和重要的。如果在普适性常用战术的基础上创新出独特的实用性新战术,就可能给专项战术体系带来革命性影响,形成运动员独特的战术风格,使其拥有威力巨大的"杀手锏"。

3. 探寻脚斗士对抗制胜规律

制胜规律是指在竞赛规则的限定之内,教练员、运动员在竞赛中战胜对手、争取优异运动成绩所必须遵循的客观规律,是克敌制胜的法宝。对制胜规律的探寻,既要研究制胜因素,又要研究各制胜因素之间的本质联系。这是战术训练最基本的要求,也是形成正确战术观念、正确制定战术方案、正确实施战术训练、在比赛中正确运用战术的前提条件。

脚斗士技术训练主要结合其脚步技术,创造性地利用空击练习、手攻练习、辅助器械练习、专项攻防练习、条件实战练习等将技术、战术、体能、协调、灵敏、反应技能有机地结合在一起,全面提升其综合技术水平。战术训练主要通过教学比赛、条件实战、模拟比赛、特长打法训练等手段实现。在实战提高阶段加入战术训练内容,在破解规则、立足自我、挖掘潜能和更新观念的基础上,制定技战术训练计划体系,提高核心竞争能力,打造绝招技战术,将体能和技战术训练相融合,提高技战术训练的时效性、适应性和针对性。其中战术依存于技术,技术又是战术的基础,技术的全面性决定了战术的多样性。

第五节　脚斗士运动员训练的医务监督

医务监督是指通过医学和生物学手段,对从事运动训练的人的身体进行全面的检查和观察,评价其水平和状态,为科学训练提供依据,是保证训练正常进行并取得好成绩的一种重要手段。脚斗士运动是激烈的直接对抗项目,是力量、技术、智慧的较量,属于无氧、有氧代谢交替,以无氧代谢为主的运动项目。为了提高脚斗士运动员的竞技水平,运动员要承担高强度、大运动量的训练,训练时身体常常出现局部的或全身的疲劳,一般说这些疲劳经短时间的休息后即可消除。但有些疲劳却未能消除,这是由于运动量与当时身体的机能能力不相适应,引起大脑皮层兴奋和抑制过程的不协调及内分泌功能障碍,产生身体上一系列功能的变化,甚至发生病理性改变。这就必须运用医学和生物学手段和技术对于运动员进行监测。及时了解运动员身体机能变化情况和运动员对于训练的适应程度。只有这样,才能保证运动员充分发挥自身潜能,又不会造成运动性疾病而影响到训练。其中包括运动员合理的消除疲劳措施、身体机能状态监督、合理的营养措施等。

一、训练恢复原则

脚斗士运动属格斗对抗性运动项目,对抗激烈、运动负荷大,易疲劳。为了尽可能地减少因不当训练所造成的运动损伤,延长运动员的运动寿命,在脚斗士训练中要合理安排运动负荷并注意运动员的充分恢复。训练恢复原则是指使用合理的恢复手段及方法,加快运动员心力和体力疲劳的消除,修复运动创伤、恢复和提高机体的活力,为脚斗士运动员运动技能的提高打下良好的基础。

（一）训练恢复的意义和作用

某些教练员把日常的训练重点都放在运动员技战术的训练上，对运动员高强度训练后的恢复基本不作安排，消极对待，造成运动员疲劳长期积累。此时，运动员伤痛往往得不到有效解除，技能提高出现障碍，身体也易受到损害。这给脚斗士运动的发展造成不利的影响，给运动员造成的伤害更是不可弥补的。

通过训练，运动员的体内能量物质因为消耗而减少，机体产生一定程度的疲劳，机能下降。根据运动训练学的恢复和超量恢复原理，训练结束后，身体必须得到恢复和超量恢复，使机体水平得到巩固提高，为下次运动训练创造物质基础。同时，脚斗士训练不只是会产生疲劳，由于它是顶、撞、挑、压等技法进行直接对抗的训练，还会产生运动损伤，如果不注意恢复训练，仍长时间连续大负荷训练，疲劳积累，受伤的肌肉、关节等得不到恢复、治疗，就会使损伤情况加重，长期下去会造成难以恢复的劳损。许多脚斗士运动员往往是带病参加比赛，赛后伤情加重，造成体能和技战术水平下降。如果在训练时采用一些恢复手段，如按摩、电疗等，使紧张的肌肉得到放松，加速排除代谢产物，消除局部的伤痛，运动寿命就会延长，技能就会提高。所以，要科学地掌握好训练和恢复的关系，使运动员技术水平稳步上升。

（二）训练恢复的有效安排

1. 训练中的恢复

脚斗士训练的恢复不只在训练结束后进行，实际在训练过程中就已经开始。应根据每次训练任务、运动负荷的强度以及运动员自身恢复能力的不同来安排休息时间和方式。专项素质训练的恢复。例如，专项力量训练，可安排杠铃深蹲若干组，每组蹲起数量为 10～20 次，组间休息时间为 10～30 秒，恢复方法可采用原地放松跳、放松慢跑。这样训练能够使运动员训练间歇尽快恢复，每一组训练都能保持良好的状态。如果训练量和强度增加，组间休息时间可适当加长，但最长不宜超过 1 分钟。

实战训练的恢复。实战是接近于比赛的训练。为了缩短今后比赛中局内或局间恢复调整体力的进程，防止由于疲劳积累而导致运动能力的下降，训练时可以适当采用大密度、高强度的训练方式。以脚斗士基本进攻姿势跳打沙袋为例，可以先用跳压方式击打沙袋若干次（组间恢复休息时间很短），即运动员脉搏还未调整好马上投入第二组训练,连续 4～8 组,然后再做较长时间的调整恢复。这种训练长期下去能使运动员在激烈的打击中快速调整体力。

2. 训练后的恢复

预防过度训练的最好方法是训练后的疲劳能够及时得到消除。加强医务监督工作是预防运动员过度训练的重要环节,采用多种方法帮助消除疲劳是必要的,消除疲劳措施如保证充足的睡眠时间、温水浴、局部按摩、热敷和局部负压等处理和休息,对于精神性疲劳和体力疲劳的消除都有良好的作用。此外,在赛后应注意补充营养,以促进能量物质和机体功能恢复,但切忌赛后的暴饮暴食。

(1) 充足睡眠。在训练的恢复手段及方法中,除了积极主动的放松练习外,合理充足的睡眠也是十分重要的。人在运动时,神经系统处于兴奋状态,而睡眠能使大脑皮质绝大部分处于抑制状态,指挥全身肌肉运动的"神经信号"减弱或中断,从而使机体进入放松的休息状态。睡眠的作用还在于让运动员摆脱精神上的不良反应,阻断不良情绪对运动员身心的负面影响。睡眠是消除疲劳最有效的方法之一,因此训练后必须有足够的睡眠,必要时可以用药物。

(2) 合理膳食。营养是提高工作能力、从事大运动量训练,消除疲劳和加速恢复过程的三大要素之一。运动员体力的恢复与合理的膳食搭配有着重要的关系。运动员运动强度大、物质能量代谢迅速,物质能量的消耗要比常人多。因此,对于运动员消耗的能源物质必须在运动后及时得到补充尤其是含蛋白质高和含多种维生素的食品对组织的修复是必不可少的,即质和量都要有所提高。另外,剧烈运动后,不能立刻进食。运动员要控制体重,合理补充高能营养,增强体质,保持旺盛的竞技状态。

(3) 物理治疗。在脚斗士运动训练的恢复中,常采用的物理治疗手段有:①按摩。通过按摩改善局部的血液循环,加速肌肉中乳酸等物质的消除,使机体代谢加快,特别是氧代过程更加积极,可以消除局部或全身肌肉的疲劳。按摩还可以减轻肌肉负荷后的紧张度,消除肌肉僵化现象,从而消除疲劳,加速恢复。所以按摩是一种有效的消除疲劳的手段;②电疗。对消除肌肉疲劳起积极作用,尤其是对扭挫伤、关节炎、肌肉组织浮肿有很好疗效,能较快祛除病情,恢复机体功能;③温水浴。它能促进血液循环,使肌肉紧张得到缓解,达到消除疲劳的目的。温水浴对心脏和神经系统具有良好镇静作用,能够促进睡眠。

二、脚斗士运动的损伤与防治

运动损伤在脚斗士训练或比赛中时有发生。它不仅在从事专项训练不久、体能较差、技术水平不高的运动员中容易发生,即使具有一定训练水平的运动员,在脚斗士对抗性强的特点及技术的不断发展、对各项素质要求越来越高的情况下也在所难免,应引起足够的重视。如果不能从源头上预防和降低运动员损伤事故的发生,受到损害的不仅仅是运动员及其家庭,最终必然影响该项运动的发展。因此,对脚斗士训练状况进行医务监督是非常重要的,通过有效的医务监督的干预手段可以明显地降低训练损伤的发生率。

(一) 脚斗士运动损伤产生原因

1. 缺乏必要的运动损伤知识和自我保护意识

运动损伤的发生与运动的组织和参与者缺乏必要的预防损伤知识有关。譬如,教练员缺乏运动损伤知识,不善于对运动员进行安全教育,不懂得采取各种行之有效的预防措施,在发生损伤后不会分析原因,致使损伤时有发生。运动员在比赛中身体状态不佳,是不是适宜继续参加比赛,教练员的意见非常重要。因为赛中及赛前运动员的技战术状态、身体状态以及心理状态如何,只有教练员掌握得比较全面。如果在应该让运动员弃权的时候没有弃权,则就有可能发生安全事故。因此,教练员不仅需要自身的专业水平过硬,还要有很强的责任心,要时时全面掌握运动员的身体情况和竞技状态。总之,教练员应密切观察运动员的表现,积极主动与运动员沟通交流,把运动员的状态调整到最佳,制定合适的技战术,并在比赛中沉着指挥。一旦运动员出现了不适宜继续比赛的情况,要及时弃权,应充分尊重运动员的生命安全,安全比输赢更重要!再如,运动员缺乏自我保护意识,没有掌握必要的自我保护方法,在危险发生时不懂得应用合理的方法去化解,导致伤害的发生。脚斗士比赛中运动员自我保护意识淡薄、不正确穿戴护具、赛前准备活动不足、身体状态不佳或疲劳参赛、情绪状态较差,以及赛中注意力不集中,等等。

2. 训练水平不够

训练水平是运动员在训练过程中所达到的竞技水平。运动员首先需要在训练活动中达到所期望的竞技水平,然后在比赛中把已达到的竞技水平表现出来,转化为运动成绩。训练水平的提升需要系统地不断地坚持从事训练,并有序地选择训练内容和训练手段,有序地安排训练负荷,使有机体与施加负荷的外环境不断取得平衡。这一适应过程是生物活动的基本规律,也是运动训练提高人体竞技能力、取得优异成绩的生物学基础。只有处理好训练适应与负荷和恢复的关系,才能在运动训练的实践中防止过度训练,有效提高运动员训练水平。可见,训练水平不够,不仅影响到比赛的成绩,而且常常是导致损伤的重要原因。

3. 训练和比赛活动安排不当

训练过程缺乏医务监督,不遵守训练原则,竞赛组织安排不当,场地器材不符合规范要求,运动员不佩戴护具等,都可能导致各种运动损伤。医务监督的作用一般在事前和事中,除了赛前对运动员体检结果进行审核外,在赛中还要密切观察运动员的状态,局间休息时要进行相应的检查,确保运动员的安全。如果没有足够的身体和思想准备就参加比赛、连续比赛,在受伤或患病的情况下参加正规训练等,都会导致运动损伤的发生。

4. 运动参加者的生理、心理状态不良

运动训练过程中,以身体练习(运动动作)或心理练习为基本手段,对运动员施加的训练刺激。运动员机体对训练负荷刺激的反应表现在生理和心理两个方面。如过度疲劳、精神紧张、情绪低落情况下参加运动量较大的训练等,都可能导致运动员损伤。心理状况不良的运动员自我保护意识差,或情绪不佳,过度疲劳时注意力易分散,尤其大力量训练和高强度专项训练时专注性差,往往造成动作不到位或力量分散而致伤。

(二) 脚斗士运动损伤的预防

1. 做好准备活动

在训练和比赛前,由于运动员不做准备活动或准备活动不充分,是脚斗士运动员损伤的常见原因。认真、充足、正确的准备活动是预防运动损伤的关键要素。准备活动一般包括如下几方面:(1) 心理准备。让运动员在进行训练前对训练的目的、任务和训练内容做到心里有数,提高运动时的注意力,有利于运动员减低受伤机会和增进运动表现;(2) 一般准备活动。一般准备活动通常采用慢跑形式。时间可根据室外天气情况来决定,一般以 5~15 分钟为宜;(3) 伸展练习。伸展练习主要是对常用肌肉关节进行伸展运动。伸展时应以疼痛感为界限,应避免肌肉伸展过度致伤。伸展性练习以5～10分钟为宜;(4)专项准备活动。专项准备活动即针对专项运动特点设计的专门性练习,这些动作的构成、节奏、速度都与将要参与的运动相似,如单脚跳等。

2. 注重训练科学化

随着脚斗士运动水平的不断提高,向新理论、新思想,向新的科学技术、新的仪器器材,向新的方法和手段,去探求运动水平更快速提高,已成为脚斗士运动科学化训练的发展趋势。运动训练的全过程是一个由直接或间接影响运动技术水平的因素所构成的复杂的多层次系统。这个系统的构成不仅包括直接提高运动员竞技能力的训练实践,而且还包括与其有关的管理、信息、环境等因素。训练科学化主要内容包括科学选材、科学诊断、理想的训练目标及模型、科学的训练计划、科学的组织竞赛、高效能的恢复与营养系统等。在脚斗士训练中尤其是要注意检查训练场地的性能和质量,场地地面应该为柔性地面。运动损伤易发生的部位是踝关节和膝关节,运动员训练时应尽量穿戴护具。运动员也应学会摔倒时的各种自我保护方法等。这些都需要合理安排,以防运动中损伤事故的发生。

3. 加强对运动员的医务监督工作

医务监督在现代体育发展过程中是十分重要且不可缺少的。我们应当用医学的知识,去帮助和指导运动员进行科学的运动训练,使体育运动获得最佳效果,并促进运动员身体发育,预防运动性伤病,提高训练水平和运动成绩。加强对运动员的医务监督工作包括:(1)定期进行体格检查,决定能否参加训练。检查内容除一般健康与机能检查外,还应根据运动损伤的发生规律增加一些项目的检查;(2)加强运动员的自我监督。让运动员学会根据教练员训练的安排和自身身体状况来调节自己的训练。运动的一些自我感觉和检查的情况记录是医务监督的重要组成部分。通过自我监督,可以间接地评定运动员的运动量大小,预防和早期发现过度训练。其中自我监督日记,一般包括自我感觉、运动心情、训练愿望、运动后感觉、睡眠、食欲、排汗量、体重等;(3)在集训队建立保健员制度。保健员由运动员担任,并配备常用的损伤救治的药品,负责简单的场地急救、小伤处理,反映运动量的大小及伤后训练反应等;(4)建立"三位一体"的医务监督模式。随着脚斗士运动的深入开展,动作难度和运动强度不断提高,对运动员机体的要求也随之提高,假如没有教练员、运动员和医生三者的共同协作配合,要防止运动损伤、提高竞赛成绩是很难做到的。

(三) 脚斗士运动常见的损伤

运动损伤是因进行体育活动或运动引起的损伤,是运动性伤病的重要组成部分,脚斗士运动常见的损伤有:

1. 擦伤

皮肤受到防护用具的摩擦会使其浅层破损,创面有小出血及擦痕。常见的擦伤部位有上臂、前臂、手等。外表擦伤一般比较轻,伤处疼痛呈红肿或青紫色。

2. 挫伤

挫伤指皮内受损而皮肤无破皮,组织的连续性受到伤害。脚斗士运动中由于绝大多数使用的技术是击撞动作,因此可能发生挫伤。常见的挫伤部位是胸、大腿、小腿部,由于受力过大,作用于深部,累及肌肉、骨骼和关节,症状较严重。

3. 扭伤

由于脚斗士运动强度大、对抗性极强,因此下肢关节承受的强度也很大,当关节的联合部位因关节活动受到过度外力作用,超过了其正常活动范围,造成肌肉、肌腱、韧带等软组织,软骨及周围神经等的损伤。如膝、踝韧带扭伤,腕关节扭伤等。

4. 慢性损伤

在长期的训练和比赛中,肌肉不断地受到牵拉、碰撞,加之大部分运动员或多或少地都带有一定外伤继续训练和比赛,因而引起膝、踝关节的慢性损伤。

5. 其他损伤

在脚斗士比赛时,因为相互会有激烈的身体对抗,有时会出现一些其他的损伤,如眉弓部位、嘴唇、牙齿等也会出现受伤的情况。

(四) 脚斗士运动常见损伤的一般处理

1. 急性闭合性软组织扭挫伤

损伤发生后,应立即停止活动,给患处适当制动、冷敷、加压包扎,将患肢抬高,以减少出血,并请医生进一步检查和治疗,以判断损伤情况,采取进一步的治疗措施。早期严禁进行促进血液循环的操作,如热敷、按摩等。经过 24~48 小时后,损伤部位的内出血已停止,这时才可采取热敷、按摩及其他物理治疗措施。

2. 开放性皮外伤

如果是小面积的擦伤,用 1‰~2‰红汞或 1‰~2‰龙胆紫涂抹;面部擦伤可涂抹 0.1%新洁尔灭溶液。如果擦伤面积大,伤口深,易受污染,需用 2.5%碘酒和 75%酒精在伤口周围消毒,用生理盐水棉球清除伤口异物。外敷生理盐水或 1%雷弗奴尔纱布,再用绷带包扎。

3. 肌肉拉伤

肌纤维轻度拉伤及肌痉挛者,用针刺疗法会取得显著疗效。肌纤维部分断裂者,早期用冷敷、加压包扎,还要把患肢放在使受伤肌肉松弛的位置以减轻疼痛。48 小时后开始按摩,手法要轻缓。

可见,医务监督是促进体育运动健康发展的保证性手段和措施。大量的统计资料表明,在体育运动中运动损伤和伤害事故时有发生,运用医务监督帮助和指导体育运动参加者,合理进行体育锻炼训练及比赛,使体育运动获得最大的实际效果。通过医务监督,积极预防运动性伤病,帮助评定训练量,对训练提出改进意见从而提高训练水平和运动成绩。脚斗士运动员损伤发生的原因主要有:运动员没有意识到预防运动损伤的重要性、准备活动不足、技术动作不正确、身体局部运动负荷过大、身体疲劳、缺乏自我保护意识以及护具使用不当等。针对脚斗士运动员损伤发生的原因应当提高安全教育意识与加强运动员的心理素质训练、充分做好准备活动、合理安排运动负荷、及时补充能量,加快体能恢复、加强医务监督与场地、护具建设,以最大限度地减少运动员运动损伤的发生。同时,脚斗士运动训练中的医务监督要根据运动员的个人特点、年龄、性别等,研究合理的训练方法。

第五章
脚斗士竞赛组织与裁判

凡是脚斗士竞赛,不论参赛队伍和人员的多少、竞技水平的高低、比赛时间的长短,其组织工作都是一个比较复杂的系统工程,参赛人员也都比较重视对竞赛组织、裁判规则和裁判方法的研究,同时这也有效促进了项目的发展。教练员、运动员只有认识、理解竞赛规则,才能在比赛中自如运用规则,并利用规则去争取好的比赛成绩。

第一节 脚斗士竞赛通则

脚斗士同其他体育项目一样,应遵守其限定行为的规则。脚斗士是一项以单脚支撑跳跃,以手握非支撑腿小腿及其以下部位,以非支撑腿的膝关节、大腿部、小腿部及脚面进行顶撞、上挑、下压、弹推等攻击技法的中国传统竞技类体育运动。下列竞赛规则,要求所有的运动员、教练员、裁判员、领队以及赛事组织者理解和接受。规则要求上述从业人员以诚实、公平的原则从事脚斗士运动,通过展现全面、非凡的脚斗士技能来提高比赛的观赏性。本规则的解释权归国际脚斗士协会。

一、目的

1. 解释和说明组织比赛应具备的实践和技术条件;
2. 规定脚斗士运动的标准动作;
3. 列举各种情况及禁止事项;
4. 明确裁判组的技术职能;

5. 确定比赛形式、运动队（运动员）的名次排列标准，处罚及淘汰办法等。

二、意义及种类

（一）脚斗士竞赛的意义

脚斗士运动是一项集民族性、对抗性、观赏性、趣味性、安全性和参与性于一体的体育项目，是中国原创的民族体育项目，因此我国是开展脚斗士运动的主要阵地。组织脚斗士竞赛是体育活动的主要内容之一，是推动脚斗士运动发展的重要措施之一，成功举办脚斗士竞赛对促进脚斗士教学工作的开展也具有重要意义，也对传承中华民族传统文化有着重要的推进作用。

（二）脚斗士竞赛的种类

脚斗士竞赛可以分为俱乐部联赛、锦标赛、精英赛、杯赛、邀请赛、友谊赛、选拔赛等。主办方可根据需要举办各种类型的比赛。

三、解释权

对规则中任一条款文字的理解出现争议时，国际脚斗士协会是唯一有资格对相关条款文字给予解释的机构。规则的最终解释以中文为准。

四、应用范围

适用于脚斗士竞赛。

五、运动员资格

参加国际脚斗士协会组织的比赛时，运动员必须携带代表参赛单位的直接有效证件，以及个人身份证。

根据规定，所有参加脚斗士比赛的运动员都必须持有国际脚斗士协会颁发的运动员证件。

运动员报名参赛即表示同意国际脚斗士协会可以为推广脚斗士运动项目而使用其比赛中的影像和图片；如不同意上述条件，运动员则应在报名时明确其要求，其本人可能会因此被取消参赛资格。

六、比赛服装

(一) 脚斗士比赛服

运动员参加省级以上脚斗士正式比赛(含省级)时,必须穿着由国际脚斗士协会官方提供或认可的脚斗士比赛服(红、黑两种颜色)。个人赛服装的胸前印有所代表的省市/单位等的徽记字样,背后印有最大尺寸为 10 厘米×10 厘米的省市/单位等名称缩写。团体赛服装在个人赛服装的基础上,在胸前和背部位置印有车、马、炮、象、将字样。运动员在比赛前应接受裁判员的检查。

(二) 服装上的广告

除采用规则规定的脚斗士比赛服外,运动员可以穿腿部或背部印有赞助商名称的脚斗士服,赞助商名称的字母和标记高度不超过 6 厘米。

(三) 鞋

运动员必须双脚穿紧固踝关节的平底运动鞋,禁止穿着带有鞋跟、鞋钉、鞋扣及金属材料的鞋。

(四) 护具

为了确保安全,比赛时每位运动员必须佩戴由国际脚斗士协会官方提供或认可的护膝、护小腿、护肘等护具。女运动员可佩戴护胸。

七、比赛场地

在一块平整的泥土地或木板地、塑胶地的空地内划分出脚斗士比赛各区域(图5-1)。建议各级各类比赛使用脚斗士比赛专用垫。所有省级以上(含省级)比赛必须使用国际脚斗士协会认可的脚斗士垫(规格另定)。

比赛场地区域说明:在比赛场地内,赛台搭建要求为长 7 米,宽 7 米,高 0.5 米~0.8 米。

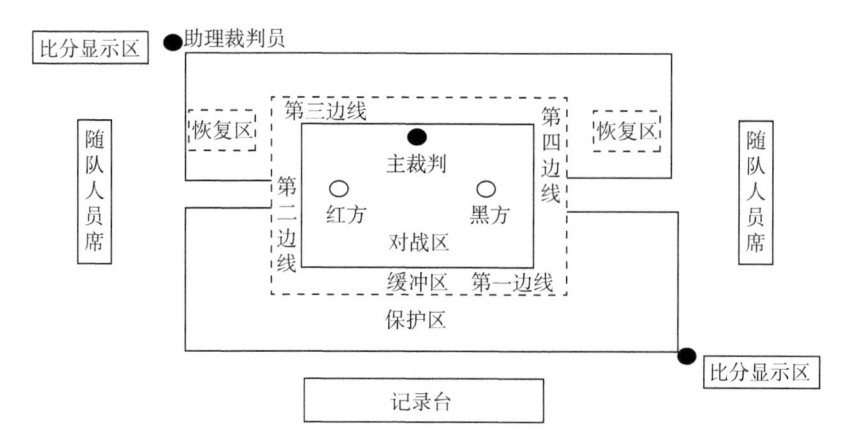

图 5-1　脚斗士比赛各区域功能示意图

（一）赛台及人员位置

对战区由边长 6 米×6 米的正方形组成，边界线宽 5 厘米，边界线包含在对战区范围内。以对战区的中轴线左右 1.5 米处为落位点，为本场双方队员开始比赛的站位点；面向记录台，在第三边界线中点向前 1.5 米处，为本场主裁判开始比赛前的站位区。

（二）缓冲区

对战区四条边界线各向外延伸 0.5 米的区域为缓冲区。

（三）保护区

为保护运动员安全，比赛台四边用 30 厘米厚的软垫拼接成向外延伸 2 米的保护区。

（四）恢复区

保护区左右两边区域，边长为 2 米×2 米的正方形，分别为当场比赛的运动员恢复区。

（五）随队人员席

左右保护区后面 1 米处，边长为 1 米×4 米的长方形，分别为比赛双方随队人员席。

(六) 记录台

记录台设在保护垫缓冲区第一条边线向外 2 米处居中位置,面向对战区,比分操控员、记录员、宣告员、执行裁判长依次由左至右就座。

(七) 比分显示区

正式比赛需要两块(数量可根据现场情况而定,每块场地至少需要一块)比分显示屏,分别坐落在保护区 1.5 米外的对角位置,向全场观众显示场上比赛情况,且必须使用国际脚斗士协会认可的脚斗士专用比分显示系统。

八、医务服务

每名参加脚斗士大赛的运动员在启程参加锦标赛、杯赛以及综合运动会前都须在本地区进行一次体检。赛事组织者须为赛前体检和比赛全程提供医务服务,医务服务要接受国际脚斗士协会医务代表监督。

九、兴奋剂检查

无论任何情况,对服用兴奋剂的运动员或官员立即取消其比赛资格并予以制裁。国际脚斗士协会医务委员会根据适用的原则决定检测的时间、数量或次数;化验样本由国际脚斗士协会委派的兴奋剂监测人员在被检测运动员、随队官员在场的情况下提取,进行兴奋剂检测的费用由承办单位或地区协会负担。

十、裁判组的组成及要求

(一) 在所有脚斗士竞赛中,每场比赛设执行裁判组 1 个。执行裁判组由下列人员构成:执行裁判长(组长)1 名,主裁判员 1 名,助理裁判员 2 名,比分操控员、记录员、宣告员(助理记录员)和检录员各 1 名。

(二) 执行裁判长在比赛中的职责主要是监督记录台人员的工作,并协助主裁判员,促使比赛的顺利进行。

(三) 主裁判员及其助理人员要按照国际脚斗士协会确定的规则执裁

比赛。

(四) 要特别强调,担任一场比赛的主裁判员赛前不得与比赛双方做任何方式的联系。

(五) 除场上出现特殊情况,禁止在一场比赛中更换主裁判员。

(六) 任何省级以上比赛(含省级),不允许一场比赛的执行裁判组中有两人是来自于同一地区。严格禁止裁判员执裁本地区运动员的比赛。

(七) 场上主裁判员发生明显错判时,总裁判长和执行裁判长有权暂停比赛,询问场上主裁判员做出该决定的理由;经过总裁判长或执行裁判长和场上主裁判员以及临近的边裁协商得出结论后进行判罚。

十一、赛制编排

脚斗士比赛采用淘汰制、循环制、混合制或交叉淘汰制进行。

十二、组别及相应赛事

(一) 按年龄分组

少儿赛事组:6~13 岁(不包含 13 岁)。
青少年赛事组:13~18 岁(不包含 18 岁)。
常规赛事组:18 岁以上(包含 18 岁)。

(二) 按体重分级别

1. 个人赛
(1) 大规模比赛可以分为 5 个级别
男子组:轻量级(<60 公斤)
中量级(≥60 公斤,<70 公斤)
次重量级(≥70 公斤,<80 公斤)
重量级(≥80 公斤,<90 公斤)
超重量级(≥90 公斤)
女子组:轻量级(<50 公斤)
中量级(≥50 公斤,<55 公斤)

次重量级(≥55公斤,<60公斤)

重量级(≥60公斤,<65公斤)

超重量级(≥65公斤)

(2) 小规模比赛可以简单分为2个级别

男子组:轻量级(<75公斤)

重量级(≥75公斤)

女子组:轻量级(<62公斤)

重量级(≥62公斤)

2. 团体赛

男子比赛:5名队员总体重不超过385公斤(人均77公斤)。

女子比赛:5名队员总体重不超过310公斤(人均62公斤)。

(三) 无差别级

运动员的体重计量在赛前10小时～12小时进行,同一级别的体重计量在同一时间内进行,超重的选手,在1个小时内还有两次重新称量的机会,超过1小时体重仍超重的选手则取消参赛资格。赛中和赛后不再计量。计量体重时必须有参赛队3名以上的教练员(监护人)代表在场监督并签名确认。低级别运动员可以参加高级别比赛,高级别运动员不得参加低级别比赛。

十三、颁奖仪式

个人赛事获得前3名的运动员参加颁奖仪式,并根据所获成绩授予奖牌和证书。

第一名:金奖

第二名:银奖

第三名:铜奖

名列第四名至第八名的运动员获得证书。

颁奖仪式可在该级别决赛后或所有比赛结束后进行。

十四、仲裁及申诉

(一) 仲裁委员会的组成
设主任 1 名,委员 2 名或 4 名。

(二) 仲裁委员会的职责
仲裁委员会在脚斗士大赛组委会的领导下进行工作。主要受理参加比赛的运动员对裁判人员有关违反竞赛规程、规则的判决结果有不同意见的申诉。

(三) 具体规定
1. 仲裁委员会接到申诉后,应及时进行初步调查,根据调查的结果立即做出受理或不受理的决定。
2. 决定予以受理的申诉,应立即进行处理。
3. 根据申诉材料说明的情况,必要时可以复审录像,进行调查,召开仲裁委员会讨论研究,仲裁结果必须经超过半数以上的委员同意方为有效。
4. 作为复审的录像只能是仲裁录像,不得以其他录像作为仲裁依据。
5. 仲裁委员会成员与申诉人员具有关联关系时,应予回避。
6. 对申诉材料提出的问题,经过严格认真复审,确认原判无误,应维持原判;如确认原判有明显错误,可以改判。
7. 仲裁委员会做出改判决定时,应同时向国际脚斗士协会提出对负有责任的裁判人员进行处理的建议。
8. 仲裁委员会的裁决为最终裁决。
9. 除仲裁委员会外,其他任何组织和个人都无权改变裁判结果。
10. 运动员向仲裁委员会提出的申诉内容,必须是裁判员针对自己的直接的不公正裁判行为。对有异议的申述,赛后脚斗士比赛仲裁委员会经过审查或根据比赛录像,如发现临场执行裁判组有滥用权力更改比赛结果的现象,则对违规人员给予相应处罚。
11. 运动员如果对不公正裁判行为进行申诉,必须在该场比赛结束后 30 分钟内以书面形式向仲裁委员会提出。

12. 每场比赛的申诉抵押金为人民币 1 000 元（自理）。如申诉正确，全部退回；如申诉不正确，抵押金作为优秀裁判员的奖励基金。

十五、处罚

（一）主办单位根据本规定对参赛运动员、教练员、裁判员、工作人员、俱乐部和承办单位等违犯竞赛纪律和有关规定（以下简称违纪违规）的行为给予相应处罚。处罚遵循及时、公开、公平、公正、处罚与教育相结合的原则。

（二）国际脚斗士协会下设的专门机构——赛事纪律委员会负责处罚工作，处罚决定由主办单位发布。赛事纪律委员会在接到此赛监督、仲裁、赛区负责人和裁判员上交的书面报告后，依据有关规定，在经过必要的调查、认定事实和分清责任的基础上，在最短时间内做出处罚决定。对严重的违纪违规而未做书面报告的事件，赛事主办单位在核实违纪违规情况后，有权做出必要的处罚和追加处罚。

（三）处罚的种类：

1. 警告（含内部提醒、内部警告和严重警告）；
2. 通报批评；
3. 罚款（扣发参赛经费）；
4. 停赛（停止参加大赛工作）若干场；
5. 取消承办联赛主场比赛资格；
6. 扣除参赛队积分或取消此次比赛成绩；
7. 取消注册资格。

以上处罚均由仲裁委员会与赛事主办方核实情况后，根据情节的严重程度可单独或合并执行。

（四）凡发现有冒名顶替比赛的运动员，经赛事纪律委员会查实认定后，取消替赛和被替赛运动员的比赛资格和已取得的所有比赛成绩，追回已发奖金、奖品和证书等，并视情节的严重程度，给予该参赛单位人民币 1 000～2 000 元的处罚，并进行全国通报。

（五）凡运动员参与造假（假比赛），经赛事纪律委员会查实，处以判负（本场得 0 分）、停赛直至取消比赛资格的处罚。若有触及违犯国家法律的行为，则交由司法机关处理。视情节的严重程度，给予该参赛单位人民币 1 000～5 000 元的处罚，并进行全国通报。

（六）与竞赛无直接关系的违纪违规、寻衅滋事、比赛场外的打架斗殴等行为，由承办单位会同有关部门进行处理。

（七）对裁判员的相关处罚在收到竞赛代表的报告后，由脚斗士联合会执委会组成的最高仲裁机构有权对犯有技术性等错误的裁判员及裁判组给予以下处罚：

1. 给有关的裁判员或裁判组一次警告。
2. 取消裁判员或裁判组本次比赛的执裁资格。
3. 裁判员降一级技术等级。
4. 暂停其裁判工作。
5. 取消裁判员资格。

（八）触犯法律或社会治安管理条例者，由司法机关处理，肇事者承担相应的刑事、民事或其他法律责任。

第二节　脚斗士竞赛组织编排

脚斗士竞赛作为体育的竞赛活动的形式之一，为了能够有序地进行并且完成最终的目标，建立组织的框架必须完整统一。在创建组织的过程中，既要考虑到管理的层次性，同时更要考虑到作为一个竞赛组织，它所应当具有的各种职能分类。在国内脚斗士比赛中，秩序册是竞赛时所用的一本印制整个比赛的有关事项的综合小册子，由承办单位的竞赛部门根据规程的要求在大会报到日之前完成。它的内容与编排顺序有一定的遵循，一般内容主要包含：竞赛规程，体育道德风尚奖评选办法，组委会名单，竞赛委员会主任、副主任，组委会下设的机构（综合部、竞赛部、编排记录部、信息部、场地设备器材部、颁奖部、宣传部、行政部、安保部、志愿者工作部），仲裁委员会，兴奋剂检查处，赛风赛纪督察处，裁判员名单，代表队名单，活动日程，竞赛日程，参赛人员统计，场地图等。

一、脚斗士竞赛的组织工作

1. 成立脚斗士竞赛组织机构

组织比赛时，首先要依照规定成立组织委员会（简称"组委会"），使之成

为一次比赛的权力机构,在组委会的领导下,保证竞赛的各项工作正常进行。各职能组织的职责如下:

(1) 组织委员会办公室:它是竞赛的领导机构,负责制定、执行竞赛计划,审查和协调各组织的工作以及总结工作等。

(2) 仲裁委员会:负责监督和保证竞赛规程、竞赛规则的正确执行,复审和裁决比赛期间在执行规程和规则中发生纠纷并报告组委会。

(3) 竞赛处:负责竞赛的组织编排及有关竞赛事宜,负责裁判员的学习和分工。

(4) 后勤处:负责比赛的场地、器材和设备等相关事宜。

(5) 宣传处:负责宣传报道和思想教育。

2. 制定竞赛规程

竞赛规程是指导竞赛者和参加者的文件,在竞赛前由主办单位根据比赛的目的、任务制定。它是竞赛工作顺利进行以及报名参加的依据,因此,要尽早发给有关单位,以便做好赛前的准备工作。脚斗士竞赛规程要简明扼要,一般包括以下内容。

(1) 名称:根据脚斗士竞赛的任务提出比赛的名称。

(2) 目的与任务:根据脚斗士竞赛的要求决定目的与任务。

(3) 主办单位:主办的单位如某市体育局、俱乐部或各种相关体育的组织等。

(4) 比赛组别:根据脚斗士竞赛的目的与任务,确定比赛组别。

(5) 比赛日程和地点:应考虑气候、食宿、交通和比赛设备等条件,根据所采用的竞赛制度定出预赛、决赛的日期和地点。

(6) 参加办法:给出报名的名额和队数的限制,手续,报名日期和地点,领队、教练员、医生及裁判员人数的规定。

(7) 竞赛办法和比赛采用的规则:规定预赛、决赛所采用的竞赛制度(如淘汰制、循环制等),提出决定名次的办法以及比赛成绩相等时确定名次排列的方法,并明确规定竞赛所采用的规则。

(8) 奖励办法:规定对集体和个人的奖励方法。

(9) 抽签日期和地点:根据具体情况决定。

(10) 规定有关注意事项:规定比赛的服装和携带的物品等。

二、竞赛制度与编排

脚斗士比赛常用的竞赛制度有淘汰制、循环制和混合制。

(一) 淘汰制的编排

淘汰制主要是在参赛队数较多、比赛时间较短时采用。参赛队按排定的顺序进行比赛，胜队进入下一轮比赛，负队被淘汰，直至最后一场比赛，胜者为冠军，负者为亚军。

1. 单淘汰赛的比赛场数

单淘汰赛的比赛场数＝参赛队数－1。如 8 个队参赛，则比赛场次数＝8－1＝7 场。

2. 单淘汰赛的轮数计算方法

单淘汰赛的轮数计算方法为 2 的乘方数，即比赛的轮数通常为参赛队数最接近的 2 的乘方数。如 16 个队参赛，$16=2^4$，即比赛 4 轮；32 个队参加，$32=2^5$，即比赛 5 轮（表 5-1）；以此类推，8 个队参加比赛则需进行 3 轮（图 5-2）。

表 5-1　轮数计算表

参加队数	对 2 的乘方数	轮数
4	2^2	2
8	2^3	3
16	2^4	4
32	2^5	5
64	2^6	6
128	2^7	7

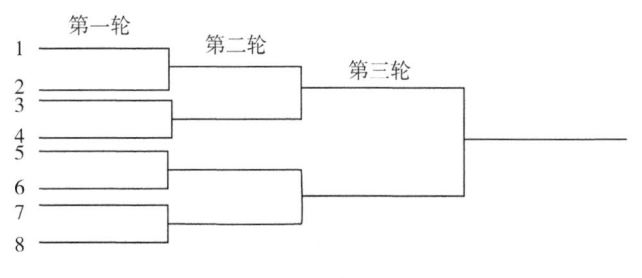

图 5-2　8 个队参赛的单淘汰编排

3. 单淘汰赛编排中设定种子队

种子队一般是排名在前的队（选手）。为了避免强选手（队）在第一轮比赛中相遇，经常采用种子队的编排方法，即把种子选手（队）安排在不同的区域之中，尔后再让其他选手（队）抽签确定位置。如果确定两个种子选手（队）则应安排在表的最上边和最下边。如果确定4个种子队，按实力依上、下、上、下的次序分别编在两个半区的最上边和最下边。种子队在第一轮中优先轮空。

4. 比赛中轮空的问题

参赛队不是2的乘方数时，则需要安排一部分具体数字位置"轮空"，目的是使第一轮比赛的队数正好是2的乘方数，以克服单淘汰赛比赛顺序的不完整性。（图5-3）

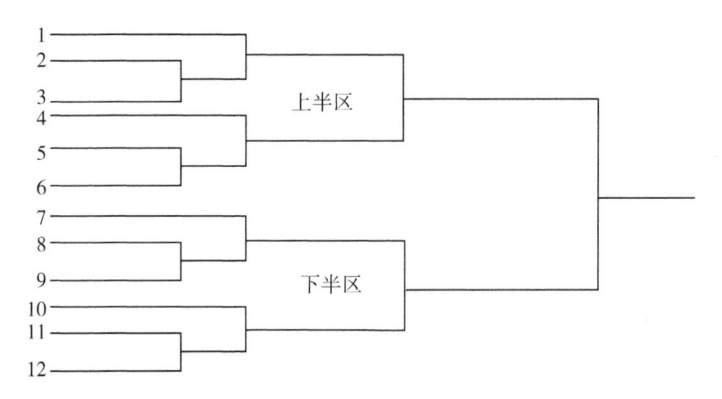

图5-3　13个队参加比赛的轮次安排

（二）循环制的编排

循环制有单循环、双循环两种。

单循环制：参加比赛的各队之间均互相比赛一次，即为单循环制。

双循环制：参加比赛的各队之间均相互比赛两次，即为双循环制。双循环赛通常分两个阶段，即由两个单循环赛组成。第二轮循环的比赛编排方法可与第一轮的完全相同，也可根据第一轮循环比赛的成绩，采用抽签的办法，重新确定各参赛队在第二轮循环中的比赛序号，然后进行编排。

1. 循环赛的比赛场数计算公式

$$场数 = \frac{队数 \times (队数 - 1)}{2} = 比赛总场数$$

例如,12个队参加比赛,比赛总场数是

$$\frac{12 \times (12-1)}{2} = \frac{12 \times 11}{2} = 66 \text{ 场}$$

2. 比赛轮次的计算

如果参赛的队数是偶数,则比赛轮数为:队数－1。例如,12个队参加比赛,比赛轮数是 12－1＝11 轮。

如果参加比赛的队数是奇数,则比赛轮数等于队数。例如,5个队参加比赛就要进行 5 轮。

循环赛的比赛轮次计算公式:参赛队数为奇数时,比赛轮数等于队数;参赛队数为偶数时,比赛轮数为:队数－1。

3. 比赛轮次表的编排

(1)先用号数代表队数,排出各轮次的比赛表,不论参加比赛的队数是偶数还是奇数,一律按偶数排列,如果是单数可以加一个"0"号使之成为偶数,碰到 0 的队轮空一次。

(2)参加比赛的队平均分为两半,前一半号数由 1 号起自上面下写在左边,后一半号数自下而上写在右边,然后用横线把相对的号数连接起来,就是第一轮的比赛队。例如,

6个队比赛时,第一轮是:

　　　　　　左　1——6
　　　　　　　　2——5
　　　　　　　　3——4　右

5个队比赛时,第一轮是:

　　　　　　左　1——0
　　　　　　　　2——5
　　　　　　　　3——4　右

(3)以后各轮次的循环办法是:1号位置固定不变,其余的号码按逆时针方向移动一个位置,再用横线连接起来就是第二轮的比赛,以此类推,排出其

余各轮次比赛表(表5-2、表5-3)。

表5-2　6个队参加比赛轮次表

第一轮	第二轮	第三轮	第四轮	第五轮
1——6	1——5	1——4	1——3	1——2
2——5	6——4	5——3	4——2	3——6
3——4	2——3	6——2	5——6	4——5

表5-3　5个队参加比赛轮次表

第一轮	第二轮	第三轮	第四轮	第五轮
1——0	1——5	1——4	1——3	1——2
2——5	0——4	5——3	4——2	3——0
3——4	2——3	0——2	5——0	4——5

(4) 抽签:轮次表排好后,各代表队进行抽签,并把各队按抽到的号数填到轮次表里。

(三) 混合制

混合制是结合淘汰制和循环制的一种竞赛方法。

第三节　脚斗士竞赛执行办法

竞赛实践是产生竞赛办法的依据,竞赛办法是比赛得以顺利进行的重要保证和主要依据。脚斗士竞赛办法规定了脚斗士竞赛的基本要求、技术规范和行为准则,它既反映出脚斗士运动技术所采用的技术、战术的合理性与技术水平,同时也引导和促进脚斗士运动技术的发展。

一、个人赛竞赛办法

(一) 赛前检录

1. 点名

每场比赛开始前30分钟进行第一轮点名,第二轮点名在第一轮点名之后立即进行,即连续点两次。两轮点名结束均未能到场检录者,按自动弃权论处。比赛时间开始1分钟后未能上场比赛者,按自动弃权论处。若运动员在检录开始时正在进行其他项目的比赛,本队教练员或领队须告知检录员并确认情况,否则按弃权论处。

2. 检查

点名后的运动员必须接受对有效证件、身体、服装和护具的检查,不得携带任何可能给对方造成伤害的物品。检查员由组委会指定专人担任,运动员应无条件积极地配合。

3. 进入随队人员席

检查合格后,运动员和1名教练员、1名领队、1名随队医生进入比赛场地随队人员席,准备进行比赛。

(二) 比赛的入场、开始、退场程序

1. 入场

领队技术会确定红方和黑方,开赛前两名参赛队员在各自的随队人员席内由宣告员介绍后入场。当介绍参赛运动员的姓名时,运动员应站在比赛场地指定的位置举手示意;在场上主裁判员发出口令和做出入场手势后,双方队员进入各自的站位点;主裁判员面向记录台站在双方运动员中间;在主裁判员发出口令后,双方运动员以脚斗士基本姿势膝部轻触的方式(触膝礼)互相致礼。

2. 开始

主裁判员发出"预备""开始"的口令并做出开赛手势后,比赛开始,比分操控员开动计时器。

3. 退场

主裁判员在场上宣布结果后方可退场(局间有1分钟的休息时间,队员可以回到恢复区)。

(三) 比赛的局数、时间设置和胜负判定

个人赛是以场和局的形式进行比赛,一场比赛分成3局。

1. 局数及时间设置

一场个人赛由3局组成,每局1分钟,局间休息1分钟。每局比赛过程中

比分操控员要根据主裁判员的手势及时停表,并在主裁判员的示意下继续开表比赛。

2. 胜负判定

以计分方式判定胜负。任何一方先获得或超过 15 分或 21 分,即获得全场比赛的胜利。3 局比赛结束,双方均未得到 15 分成 21 分,则判三局比赛中分值高者获胜;若比分相同,则见本节"(七)计分和名次的判定"。

(四) 违规、犯规和失败的表现与判罚

1. 违规的表现与判罚

(1) 违规的表现

①用非支撑脚脚掌、脚尖和脚后跟进攻对方。

②主动用头颈部进行攻防。

③利用手、肩、肘、臂、躯干等部位攻击对方。

④将手置于非支撑腿膝关节处进行攻防。

⑤手抓握、扣握比赛服装、鞋帮、袜子、鞋带等附着物进行攻防。

⑥在主裁判员做开始手势前进攻。

⑦3 秒违规(主裁判员口语或手势后 3 秒未完成动作等)。

⑧不文明行为。

(2) 违规的判罚

一场比赛中,任一方违规累计达 3 次时,从第 3 次开始,每违规 1 次,对方得 1 分。任何一方总违规次数先达到 6 次,则比赛结束,判该队员失败;若违规失败队员比分落后,则以实际比分记录;若违规方比分领先,则以 0∶21 比分进行判罚(3 局 15 分以 0∶15 判罚)。

[注]个人赛中局与局之间的违规次数累计判罚。

2. 犯规的表现与判罚

(1) 攻击对方头颈部,判严重犯规,对方得 3 分。

(2) 严重违反体育道德的行为,判严重犯规,对方得 3 分。

(3) 违反体育道德的不文明行为,判严重犯规,对方得 3 分。

(4) 比赛中运动员示意自己被击中头部,经确认为假示意时,判技术性犯规,对方得 3 分。

(5) 对对手故意违规,判技术性犯规,对方得 3 分。

一场比赛中,任何一方总犯规次数先达到2次,则比赛结束,判罚该队员失败;若犯规失败队员比分落后,则以实际比分记录;若犯规方比分领先,则以0∶21比分进行判罚(3局15分以0∶15判罚)。

一场比赛从进入比赛过程开始,任何进入到赛场的运动员、教练员及随队人员都必须遵照和执行规则的规定。如有任何违反规则和不得体的行为,主裁判可对教练员进行一次警告,在警告之后本队任何人再次出现此情形,主裁判可判教练员技术性犯规。此犯规记录在教练员名下,一场比赛中教练员出现两次技术性犯规,则取消该教练员的资格,并立即离开赛场;若该教练员不服从判罚且不离开,主裁判可判该队场上队员本场比赛失败。

任何时候出现情节特别严重的犯规(如袭击裁判员、对裁判员有挑衅性的举动或造成严重后果的犯规),可直接判罚取消比赛资格(失败)并依据《脚斗士运动员管理条例》给予处罚;若犯规方比分落后,则以实际比分记录;若犯规方比分领先,则以0∶21比分进行判罚(3局15分以0∶15判罚)。

3. 失败的表现与判罚

(1) 支撑脚全脚掌出界(4条边线之外),判失败,对方得3分。

(2) 支撑脚踝关节以上部位着地,判失败,对方得3分。

(3) 单局比赛内交换支撑脚,判失败,对方得3分。

(4) 双手均未能握住非支撑腿小腿及以下部位,判脱手,对方的1分。

(5) 非支撑腿同侧手单手握脚时,手臂在膝关节外侧且双腿未成交叉,判脱手,对方得1分。

(6) 同侧手单手握脚且手臂在膝关节内侧时进攻,判脱手,对方得1分。

(7) 运动员比赛消极,判消极,对方得1分:

①在裁判示意进攻并读秒3秒后未进攻;

②同一片段中出现"消极—进攻—消极";

③比赛中运动员举手示意裁判员暂停(含鞋服脱落,示意整理服装、鞋、护具等);

④带伤和因伤治疗后上场的运动员,比赛中示意暂停(运动员受伤需接受医务治疗时:个人赛为5分钟、团体赛为1分钟);

⑤比赛中为确保运动员安全,出现未按规定佩戴比赛护具,着装、鞋带脱落等情况,裁判员示意暂停比赛,提醒运动员改正并判罚消极。

(8) 双方同时失败(同时出现出界、倒地、成非交叉,假摔等)不判罚。

4. 可纠正的判罚

如果仅在下述的情况下某条规则被无意地忽视了,助理裁判员确定有误时应及时予以叫停,告知主裁判员,并由主裁判员做出最后判决。

(1) 不正确地判给得分,或取消得分,或记录错误。

(2) 未按违规失分规定执行。

(3) 漏判。

[注]出现上述失误,它们必须是在失误后,开动了计时钟之后的第一次停表,并且在新一次开表前被发现,这段时间为可纠错时间段。

在可纠错时间段之后,之前已发生的任何错误违规、犯规、得分、消耗的时间、附加的活动等均保持有效。主裁判员在记录表上签字后,可纠正的失误就不能被纠正。

(五) 比赛的暂停与结束

当比赛出现违规,主裁判员叫停时,计时钟暂停,并根据宣判继续计时比赛或复位计时钟。当每局比赛时间到的锣声响起,每局的比赛结束。

(六) 终止比赛的判罚

1. KO 胜

比赛中被对方以正当的攻击打倒后,在 10 秒钟内不能恢复比赛,或主裁判员判断被击倒者难以继续比赛,这时判对方"KO 胜"。

2. 优势胜

在比赛中主裁判员判定一方运动员实力明显强于对手时,则判"优势胜"。

3. 终止比赛胜

运动员受伤(非对方犯规),经现场医务人员诊断,不能继续比赛时,应立即终止比赛。若诊断为接受治疗后可以继续比赛的,则治疗和处理伤口的时间为 5 分钟:

(1) 即使 5 分钟未到,医务人员已完成治疗和处理,在征得医务人员同意后,主裁判员有权开始比赛。若有队员不服从主裁判员继续比赛的命令时,可判终止比赛,另一方获胜;若受伤者比分领先或比分相等,以 0∶15(21)判其负;若受伤者比分落后,以实际比分记录。

(2) 在倒计时 5 分钟后未能完成治疗和处理,或受伤者仍不能上场比赛时,主裁判员为确保安全,有权终止比赛,并判终止比赛,另一方获胜;若受伤者比分领先或比分相等,则以 0∶15(21)判其负;若受伤者比分落后,则以实际比分记录。

出现上述情况时,为保证不拖延比赛的时间,执行裁判长有权决定是否将下一场比赛提前进行,若下一场比赛提前并结束后,上一场接受治疗和处理好的运动员必须紧接着进行未完成的比赛。

4. 比分胜

一场比赛中有一方先获得或超过 15(21)分则该场比赛结束,由主裁判员召集双方运动员到其两侧,宣判比赛结果。比赛打满 3 局时:

(1) 双方不同分时,分数领先者胜。

(2) 若比分相同时,见本节"(七)一场比赛中胜负的判定"。

5. 对方弃权胜

(1) 在预定的比赛开始时间后 1 分钟,一方无故在规定时间未到场或在主裁判员通知后拒绝比赛的,另一方则获得弃权胜,主裁判员有权宣布对方以 15(21)∶0 获胜。

(2) 比赛中,一方主动提出放弃比赛,放弃者比分落后,则以实际比分记录;若放弃者比分领先,则以 0∶15(21)判其负。

(3) 若双方在比赛过程中同时提出弃权,则以 0∶0 判双方均负。

[注]小组循环阶段的比赛,弃权的一方均不积分。

6. 对方失去资格胜

运动员未能按脚斗士比赛要求着装或佩戴护具时,主裁判员可拒绝或终止其进行比赛,并有权宣布另一方以 15(21)∶0 获胜。如一方参赛资格不符合规定,则对方获得失去资格胜。

7. 严重犯规胜

如运动员使用规则中不允许的技术造成对方严重受伤,或有严重不文明行为,教练员、随队人员有严重不文明行为,对裁判员有不得体行为时,可以直接判比赛的另一方犯规胜:若犯规者比分领先,以 0∶15(21)判其负;若犯规者比分落后,则以犯规判罚后的比分记录。

8. 突然死亡法胜

比赛过程中通过对两名场上队员的员的比分、犯规、违规、体重等情况的比较均无法判定胜负而现需要使用"突然死亡法"时,则指定该局的两名场上队员进行对抗,不设比赛时间,先获得 3 分的队员获得该局比赛的胜利,且将其得分计入总分。

(七) 计分和名次的判定

1. 一场比赛中胜负的判定

比赛以计分方式判定胜负。任何一方先获得或超过 15 或 21 分,即获得全场比赛的胜利;三局比赛结束,双方均未得到 15 或 21 分,则判三局比赛中分值高者获胜;若分值相同,则判犯规次数少的一方获胜;若犯规次数相等,则判违规次数少的一方获胜;若违规次数相等,则判体重轻的一方获胜;若再相同,则以双方进行突然死亡法决出胜负。

2. 按比赛场次的胜负记录排列名次

胜一场得 2 分,负一场得 1 分,弃权一场(告负)得 0 分。积分高者名次列前。

如果在这个排列中两人积分相等,则将两人之间比赛胜者列前。

如果有 3 个或 3 个以上积分相等,则首先看他们之间的胜负场次,胜场多者列前;若相等,则以他们之间比赛得分率(总得分/总失分)高低来确定名次,得分率高者名次列前;若得分率相等,则以他们之间比赛总犯规次数多少来确定名次,次数少者名次列前;若再相等,则以他们之间比赛总违规次数多少来确定名次,次数少者名次列前;若仍相等,则以体重大小来确定名次,体重轻者名次列前;再相等,则抽签决定名次。

二、团队赛竞赛方法

(一) 赛前检录

1. 点名

每场比赛开始前 30 分钟进行第一轮点名,第二轮点名在第一轮点名之后立即进行,即连续点名两次。两轮点名结束均未能到场检录者,按自动弃权论处。比赛时间开始 1 分钟后未能上场比赛者,按自动弃权论处。若运动员在检录开始时正在进行其他项目的比赛,本队教练员或领队须告知检录员并确认情况,否则按弃权论处。

2. 检查

点名后的运动员必须接受对有效证件、身体、服装和护具的检查,不得携带任何可能给对方造成伤害的物品。检查员由组委会指定专人担任,运动员应无条件积极地配合。

3. 进入指定位置

检查合格后,运动员和一名教练员,一名领队、一名随队医生进入比赛场地指定位置,准备进行比赛。

(二) 比赛前的程序

每场比赛开始前均按以下程序进行。

1. 入场

两个参赛队的所有运动员分别站在指定的位置,由宣告员逐个介绍入场(秩序册中列在前的队为红队,列在后的为黑队),成两路纵队分别站在对战区中轴线两侧。再由宣告员介绍本场主裁判入场。

2. 授旗

由双方领队或教练员给各自的比赛队授队旗。

3. 敬礼

在主裁判员口令下,双方全体队员相向而立,向前迈出一步,以脚斗士基本姿势——膝部轻触的方式(触膝礼)相互致礼。

4. 退场

双方队员回到各自随队人员席,安插好队旗,准备比赛。

(三) 进入比赛的程序

1. 比赛的开始

赛前15分钟双方教练员必须确定(车、马、炮、象、将)队员名单,以及比赛第一局的出场队员名单。名单确定报送记录台后,均不得更改。未能确定或拒绝确定的,按弃权判罚。在主裁判员发出"入场"口令后进入到比赛场地,在"预备""开始"口令和手势后,比赛正式开始,计时员开始计时。

2. 比赛开始后的规定

在比赛中,每队除比赛队员外,其他队员、教练员及随队人员到营地随队人员席就座。教练员只能在靠近本方营地的对战区边界线外指挥,不得随意走动影响裁判员执裁和比赛进程。

(四) 比赛的局数、时间设置和胜负判定

1. 局数及时间设置

(1) 一场团体赛,每局 90 秒,局间不设休息时间。每局比赛过程中,计时员应根据主裁判员的手势停表,并在主裁判员的示意下继续开表比赛,每局打满 90 秒。

(2) 当一方只剩一名运动员,无其他队员可替换时,如遇连场,中间可休息 1 分钟。

(3) 每场团体赛局数不定,直到一方的"将"失败为止。

2. 胜负判定

一场脚斗士团体赛,由红黑双方各 5 名队员(车、马、炮、象、将)组成,由教练员指派上场队员。在一对一的对抗中,以一局 90 秒(不限分值)的比赛方法进行比赛,每场比赛到一方的"将"被击败为止,最终按照比分累计的方法判定全场比赛的胜负。若单局比分相同,则见本节"(九)团体比赛的胜负及名次的判定"。

(五) 队员出场顺序和限制

1. 出场顺序

(1) 赛前 15 分钟双方教练员必须确定(车、马、炮、象、将)队员名单,以及第一局比赛的出场队员名单,名单确定并报送记录台后,均不得更改,第一局比赛开始时双方队员同时出场。

(2) 从第二局开始,由场上总比分领先的一方先举牌示意下一局出场队员;若总比分相等,则由上一局获胜的一方先举牌示意下一局出场队员。

2. 限制

(1) 比赛中失败的队员,不得再进行本场的比赛。

(2) "将"只有在本方其他队员全部失败或总比分落后 5 分以上(包括 5 分)的情况下方可提前出战。

(3) 因违规或严重犯规被罚下场的队员不得在突然死亡法中上场比赛。

(六) 违规、犯规和失败的表现与判罚

1. 违规

(1) 违规的表现

①用非支撑脚脚掌、脚尖和脚后跟进攻对方。

②主动用头颈部进行攻防。

③利用手、肩、肘、臂、躯干等部位攻击对方。

④将手置于非支撑腿膝关节处进行攻防。

⑤手抓握、扣握比赛服装、鞋帮、袜子、鞋带等附着物进行攻防。

⑥在主裁判员做开始手势前进攻。

⑦3秒违规(主裁判员口语或手势后3秒未完成动作等)。

⑧不文明行为。

(2) 违规的判罚

一场比赛中,任一方单局违规累计达3次时,从第3次开始,每违规1次,判对方得1分。单局累计违规次数达到6次,则判该队员失败;任一方全场违规累计达12次时,则判罚该队全场失败。

[注]团体赛中局与局间的违规重新计算。

2. 犯规的表现与判罚

(1) 攻击对方头部,判严重犯规,对方得3分。

(2) 严重违反体育道德的行为,判严重犯规,对方得3分。

(3) 违反体育道德的不文明行为,判严重犯规,对方得3分。

(4) 比赛中运动员示意自己被击中头部,经确认为假示意者,判技术性犯规,对方得3分。

(5) 对对手故意违规,判技术性犯规,对方得3分。

一场比赛中,任何一方单局犯规次数先达到2次,则判罚该队员失败;任一方全场犯规累计达5次时,则判罚该队全场失败。

一场比赛从进入比赛过程开始,任何进入到赛场的运动员、场下队员、教练员及随队人员都必须遵守和执行规则的规定。如有任何违反规则和不得体的行为,主裁判可对教练员进行一次警告,在警告之后该队任何人员再次出现此情形,主裁判可判其教练员技术性犯规(此犯规记录在教练员名下)。一场比赛中教练员出现两次技术性犯规,则取消该教练员的资格,被取消资

格的教练员应立即离开赛场，若教练员不服从判罚且不离开，主裁判可判本场比赛该队失败。

任何时候出现情节特别严重的犯规（如袭击裁判员、对裁判员有挑衅性的举动或造成严重后果的犯规），均可直接取消该场比赛资格（失败）并依据《脚斗士运动员管理条例》给予处罚。

3. 失败的表现与判罚

（1）支撑脚全脚掌出界（四条边线之外），判失败，对方得 3 分（对方如果是"将"，得 4 分）。

（2）支撑脚踝关节以上部位着地，判失败，对方得 3 分（对方如果是"将"则得 4 分）。

（3）单局比赛内交换支撑脚，判失败，对方得 3 分（对方如果是"将"则得 4 分）。

（4）双手均未能握住非支撑腿小腿及以下部位，判脱手，对方得 1 分。

（5）非支撑腿同侧手单手握脚时，手臂在膝关节外侧且双腿未成交叉，判脱手，对方得 1 分。

（6）同侧手单手程脚且手臂在膝关节内侧时进攻，判脱手，对方得 1 分。

（7）运动员比赛消极，判消极，对方得 1 分：

①在裁判员示意进攻并读秒（3 秒）后未进攻；

②同一片段中出现"消极—进攻—消极"；

③比赛中运动员举手示意（裁判员）暂停（含鞋脱落，示意整理服装、鞋、护具等）；

④带伤和因伤治疗后上场的运动员，比赛中示意暂停（运动员受伤需接受医务治疗时：个人赛为 5 分钟、团体赛为 1 分钟）；

⑤比赛中为确保运动员安全，出现未按规定佩戴比赛护具，未按规定着装、鞋带脱落等情况，裁判员示意暂停比赛，提醒运动员改正并判罚消极。

（8）双方同时失败（同时出现出界、倒地、成非交叉、假摔等）不判罚。

4. 可纠正的判罚

如果仅在下述的情况下某条规则被无意地忽视了，助理裁判员确定有误时应及时予以叫停，告知主裁判员，并由主裁判员做出最后判决：

（1）不正确地判给得分、取消得分或记录错误。

（2）未按违规失分规定执行。

(3) 漏判。

［注］出现上述失误，它们必须是在失误后，开动了计时钟之后的第一次停表，并且在新一次开表前被发现，这段时间为可纠错时间段。

在可纠错时间段之后，之前已发生的任何错误违规、犯规、得分消耗的时间和附加的活动等均保持有效。主裁判员在记录表上签字后，可纠正的失误便不能被纠正。

（七）比赛的暂停与结束

比赛中，主裁判员叫停时，计时钟暂停，并根据宣判继续计时比赛或复位计时钟。每局比赛时间到的铃声响起时，每局的比赛结束。一方的"将"被击败，则全场比赛结束。

（八）终止比赛的判罚和退场仪式

1. 终止比赛的判罚

（1）KO 胜

比赛中被对方以正当的攻击打倒后，在 10 秒钟内不能恢复比赛，或主裁判员判断被击倒者难以继续比赛，这时判对方"KO 胜"。

（2）优势胜

在比赛中主裁判员判定一方运动员实力明显强于对手时，则判"优势胜"。

（3）终止比赛胜

运动员受伤（非对方犯规），经现场医务人员诊断，不能继续比赛时应立即终止比赛。若诊断为接受治疗后可以继续比赛的，则治疗和处理伤口的时间为 5 分钟：

①即使 5 分钟未到，医务人员已完成治疗和处理，在征得医务人员同意后，主裁判员有权开始比赛。不服从主裁判员继续比赛的命令时，可判终止比赛，另一方获胜，总比分加 21 分。

②在倒计时 5 分钟后未能完成治疗和处理，或受伤者仍不能上场比赛时，主裁判员为确保安全，有权终止比赛，并判终止比赛，另一方获胜，总比分加 21 分。

（4）比分胜

每场比赛由一方将另一方的"将"击败为止，且总比分领先，则判"比分胜"。

(5) 对方弃权胜

①在预定的开始时间后 1 分钟，一方无故在规定时间未到场或在主裁判员通知后拒绝比赛时，判另一方获得弃权胜，主裁判员有权宣布另一方以 0∶0 对方弃权获胜。

②比赛中，一方主动提出放弃单局比赛，另一方总比分加 21 分。若放弃全场比赛，放弃者比分落后，则以实际比分记录；若放弃者比分领先，则以 0 分判其负。

③若双方在比赛过程中同时提出弃权，则以 0∶0 判双方均负。

(6) 对方失去资格胜

运动员未能按脚斗士比赛要求着装或佩戴护具时，主裁判员可拒绝或终止其进行比赛，并有权宣布另一方获胜，总比分加 21 分；如一方参赛资格不符合规定，则另一方获得"失去资格胜"。

(7) 严重犯规胜

一场比赛中，任何一方单局犯规次数先达到 2 次，则判罚该队员失败；任何一方全场犯规累计达 5 次时，则判罚该队全场失败。

任何时候出现情节特别严重的犯规（如袭击裁判员、对裁判员有挑衅性的举动或造成严重后果），可直接判罚取消本场比赛资格（失败），并依据《脚斗士运动员管理条例》给予处罚。

(8) 突然死亡法胜

①比赛过程中通过对两名场上队员的比分、犯规、违规、体重等情况的比较均无法判定胜负而出现需要使用"突然死亡法"时，则指定该局的两名场上队员进行对抗，不设比赛时间，先获得 3 分的队员获得该局比赛的胜利，且将其得分计入总分。

②当比赛最后（即"将将"对抗通过比分、犯规、违规、体重均无法判定胜负或一方全部战败且总比分领先）出现需要使用"突然死亡法"时，则规定由双方教练员指派 5 名队员中任意一位进行对抗，不设比赛时间，先获得 3 分的队员所在代表队获得全场比赛胜利，且得分计入总分。因违规或严重犯规被罚下场的队员不得在突然死亡法中上场比赛。

其他未做说明部分参照个人赛竞赛规则执行。

2. 退场仪式

全场比赛结束时,由主裁判员召集双方运动员到其两侧,宣判比赛结果,之后双方各成一路纵队,相向逐个击掌致礼后退场。

(九) 团体比赛的胜负及名次的判定

1. 一局比赛中胜负的判定

比赛以计分方式判定胜负,一局 90 秒,比分高的一方获得单局的胜利;若分值相同,则判犯规次数少的一方获胜;若犯规次数相等,则判违规次数少的一方获胜;若违规次数相等,则判体重轻的一方获胜;若仍相同,则双方进行突然死亡法决出胜负。

2. 一场比赛中胜负的判定

每场比赛由一方将另一方的"将"击败,且总比分领先,则获得整场比赛的胜利;若总比分相同,则判有剩余队员的一方为获胜方;若一方队员全败,但总比分领先,则双方进行突然死亡法决出胜负。

3. 按比赛场次的胜负记录排列名次

胜一场得 2 分,负一场得 1 分,弃权一场(告负)得 0 分。积分高的队名次列前。如果在这个排列中两支队伍积分相等,则将两队之间比赛的胜者列前。

如果有 3 支队伍或 3 支以上积分相等,则首先看他们之间的胜负场次,胜场多者列前;若相等,则以他们之间比赛得分率(总得分/总失分)高低确定名次,得分率高者名次列前;若得分率相等,则以他们之间比赛总犯规次数多少来确定名次,次数少者名次列前;若再相等,则以违规次数多少确定名次,次数少者名次列前;若违规次数再相等,则以总体重轻的一方名次列前;再相等,则抽签决定名次。

第四节　脚斗士竞赛评优办法

体育竞赛交流活动是宣传社会主义精神文明的重要手段。运动员、教练员及裁判员在赛场内外的良好精神风貌和道德作风是进行比赛的重要保证。为培育"有理想、有道德、有文化、有纪律"的时代新人,发扬团结友爱、拼搏进取、公正竞赛、纯洁健康的体育道德风尚,决定在每次比赛期间开展"体育道德风尚奖""优秀教练员""优秀裁判员""优秀运动员"的评选活动。

一、评选名称
(一) 体育道德风尚奖
(二) 优秀教练员
(三) 优秀裁判员
(四) 优秀运动员

二、评选范围
凡参加本次比赛的各运动队、运动员、裁判员均可参加评选。

三、评选条件
(一) 热爱祖国,热爱体育事业。虚心学习,不断进取,努力工作,勇攀高峰。
(二) 严格遵守大会的有关规定。
(三) 遵守赛场纪律,赛风端正,尊重裁判、尊重对方、尊重观众。
(四) 认真对待每一场比赛,奋力进取、顽强拼搏、胜不骄、败不馁,赛出风格、赛出水平。
(五) 裁判员要严格履行职责,要做到严肃、认真、公正、准确。作风正派,不徇私情,坚持原则。
(六) 遵守社会公德,讲文明、讲礼貌、讲卫生。
(七) 团结友爱、关心集体,互相学习、互相尊重、互相支持。
(八) 勤俭节约,爱护公物,敢于向不良倾向做斗争。

四、评选办法
(一) 在组委会领导下,设立评委会负责评选工作。
(二) 评选获"体育道德风尚奖"的运动队,由评委会汇总各参赛队、裁判组及有关部门的推荐名单,提出意见,报组委会审定。
(三) 评选获"优秀教练员""优秀裁判员"的人员,由各参赛队、裁判组提名,评委会广泛征求意见后,提出评审意见,报组委会审定。

（四）评选获"优秀运动员"的人员,由裁判组提名,经组委会广泛征求意见后,提出评审意见,报组委会审定。

五、评选名额

（一）教练员评选名额:团体总分前八名教练员评为优秀教练员。

（二）裁判员评选名额:原则上按裁判员人数的 4∶1 比例评选。

（三）运动员评选名额:由各参赛单位按运动员人数的 5∶1 比例评选。

六、奖励办法

（一）对获得"体育道德风尚奖"单位,颁发牌匾。

（二）对获得"优秀教练员""优秀裁判员"者,颁发证书。

（三）对获得"优秀运动员"者,颁发证书。

第五节　脚斗士竞赛规程范例

尽管有关脚斗士运动不同比赛设项数量不同,竞赛形式也不尽一样,竞赛形式取决于设项数量,而设项数量和竞赛形式都是竞赛规程中的重要内容,竞赛规程控制着参赛人数与赛会规模,限定了竞赛形式与竞赛办法。竞赛规程的制定必须符合国家竞技体育的发展规划与整体布局。以下是××××年脚斗士运动竞赛规程示例。

一、举办单位

主办单位:

承办单位:

二、时间和地点

比赛时间:

报到时间：

比赛地点：

三、参加单位（以实际报名为准）

四、竞赛项目和级别

（一）竞赛项目：

（二）竞赛级别：

五、竞赛办法

（一）比赛采用国际脚斗士协会审定的最新《脚斗士竞赛规则》。

（二）本次比赛将在规定高度（擂台规格：长6米×宽6米×高0.5米）的擂台上进行，擂台下保护垫宽度不少于2米，厚度不少于30厘米。

（三）本次比赛采用×××的竞赛办法，决出各级别前×名。

（四）获得上一届比赛第×名的选手（代表队），为本届同级别比赛种子选手（队）。

（五）本次比赛各级别第×名的运动员，为本队获得参加下一届同级别比赛种子选手的资格。（本次团体赛第×名的运动队，为下一届团体赛种子队。）

（六）报名人数不足×人（队），取消该比赛。

六、参赛办法

（一）各队选送×名选手参加比赛。

（二）各级别每队限报×人。

（三）运动员资格按照××参赛办法执行。

七、录取名次与计分办法

（一）个人赛各级别录取前×名，颁发证书。

（二）团体赛录取前×名，颁发证书。

（三）团体总分录取前×名，颁发奖杯（牌匾）和证书。

（四）个人赛计分办法：个人赛各级别录取前×名，第一名至第×名按×、

×、×分计。

（五）团体赛计分办法：团体赛各组别录取前×名，第一名至第×名按×、×、×分计。

（六）团体总分计分办法

1. 团体总分名次排列：按各代表队在个人赛各级别和团体赛各组别比赛中取得的成绩（名次）累计，按总分高低录取前×名。

2. 若团体总分相等，则各级别和团体比赛第一名多者名次列前，若第一名再相等，则以第二名多者名次列前，以此类推。

八、报名

各队须按规范格式填写报名表于×××× 年×月×日前以电子邮件或传真至比赛组委会办公室。

联系人：　　　　　　　传真：
手　机：　　　　　　　邮箱：

九、参赛服装及护具

十、参赛经费（视具体情况而定）

十一、保险

运动员参赛期间的"意外伤害保险"由各参赛单位自行负责办理。

十二、其他

（一）技术会议日期：×××× 年×月×日×时，地点在参赛队报道时通知。

（二）运动员称体重在×××× 年×月×日×时，地点在参赛队报道时通知。

本规程解释权属×××组委会。未尽事宜，另行通知。

第六节　脚斗士竞赛裁判员职责

竞赛公平是现代体育竞赛最核心的价值诉求,何以提高体育竞赛公平水平,规则是根本依据,裁判过程及其结果是规则意识的具体体现,其中裁判员起着重要作用。现代体育比赛的裁判员,经竞赛机构的选派和许可,在制度上获得了裁判权威。裁判权威由裁判员的本体论权威和认识论特权共同构成。裁判员的本体论权威决定了裁判员的身份职责,借助执裁活动对运动行为合规与否进行判断并做出处罚。

一、裁判人员及其职责

大型正式比赛,应在国际脚斗士协会的领导下,设立由仲裁委员会、技术委员会和竞赛裁判组组成的大赛竞赛委员会。大赛竞赛委员会与其他部门相互配合工作。

(一) 裁判人员的组成及要求

1. 裁判人员的组成

(1) 仲裁委员会

仲裁主任 1 名;仲裁委员 2 至 4 名。

(2) 技术委员会

技术代表 1 至 3 名。

(3) 竞赛裁判组

总裁判长 1 名;副裁判长 1 至 3 名;编排裁判长 1 名;执行裁判长 2 至多名(根据比赛场地和赛程安排的情况而定),裁判员多名,助理裁判员多名;检录裁判长 1 名;赛后管理裁判长 1 名;赛事解说员 1 至 2 名。

2. 对裁判人员的要求

(1) 具有良好的职业道德

裁判员必须严格遵守各项规章制度,遵纪守法,在裁判工作中坚持公平、公正、公开的原则,勤奋工作,不为名利。

(2) 严格执行竞赛规则

裁判员必须以《脚斗士竞赛规则》为准则,保证运动员在同等的条件下可以公平的进行竞赛。

(3) 加强业务水平

裁判员应熟悉和掌握脚斗士竞赛的各项技术,总结与分析在竞赛过程中出现的各类情况,以此丰富自身的理论知识,积累自身的实践经验,促进业务水平的提高。

(二) 裁判员应具备的条件

每位裁判员都应具备相应的能力与水平,以便更好完成所承担的裁判任务。裁判员应具备下列条件。

1. 热爱脚斗士运动,有敬业精神。不图名利,不计较个人得失。遵守《裁判员守则》。在裁判工作中做到"严肃、认真、公正、准确"。

2. 精通脚斗士竞赛规则,正确理解规则的精神实质和含义。在裁判工作中严格而准确地执行规则,及时处理出现的各种问题。

3. 刻苦钻研和实践,掌握脚斗士竞赛裁判工作的规律和特点。在实践中发现问题并解决问题,不断提高裁判工作的能力,更好地适应脚斗士运动的发展。

4. 遵守各项规章制度。互相支持,团结友好。

5. 经常进行体育锻炼,保持身体健康,以适应脚斗士比赛时间长、场次多且集中、强度大等裁判工作特点。

6. 在脚斗士比赛中,裁判员除具备上述条件外,还应做到以下几点:

(1) 严格遵守比赛时间。

(2) 衣着整洁,仪表大方,文明礼貌,平易近人。

(3) 执行裁判工作时精神集中,做到准确到位,避免错判和漏判。

(4) 口令洪亮,吐字清晰,有感染力,动作规范,移动积极。

(5) 谦虚谨慎,互相学习,耐心听取意见,不说长道短,严以律己。

(三) 裁判工作的组织

1. 每个场地设 1 至 2 个裁判组,每个裁判组包括执行裁判长(组长)1 名、裁判员 3 至 5 名。

2. 每个场地设1个记录台,由当场裁判组的执行裁判长、赛事解说员1名和4至5名助理裁判员组成。

3. 每场赛事设1个检录组,由1名检录裁判长和4至5名助理裁判员组成。

4. 编排记录组可设在大赛竞赛委员会,也可设在竞赛裁判组,由编排裁判长(组长)1名和助理裁判员4至5名组成。

(四) 裁判人员的主要职责

1. 总裁判长的主要职责

(1) 全面主持裁判工作。

(2) 赛前制订裁判工作计划。

(3) 完成总裁判长的分工。

(4) 受组织委员会委托,主持抽签或指派副总裁判长主持抽签。

(5) 组织裁判员进行赛前的学习和实习。

(6) 与组织委员会保持联系,及时解决有关问题。

(7) 任命裁判组执行裁判长(组长),进行裁判员分工。

(8) 宣布裁判工作的各项规章制度与纪律要求。

(9) 根据实际需要研究制订本届比赛有关裁判工作的临时规定及措施,报大会组委会通过后执行。

(10) 检查场地器材及一切裁判用具的准备情况。

(11) 检查并奖励各裁判组、裁判员以及其他裁判人员的工作。

(12) 代表裁判委员会参加大会组委会的会议。

(13) 主持裁判长、教练员联席会议,介绍本届比赛有关裁判工作及比赛过程中的注意事项,对规则中无明文规定的问题做出决定,并解答有关问题。

(14) 审核、签署比赛成绩单,宣布比赛成绩。

(15) 组织全体裁判员会议,总结裁判工作。

(16) 主持本次赛会的口头或书面裁判工作总结。

2. 副总裁判长的主要职责

(1) 协助总裁判长完成各项裁判工作。

(2) 负责裁判组有关的业务工作。

(3) 负责记录台和编排记录组各阶段工作。

3. 执行裁判长(组长)的主要职责

(1) 根据总裁判长的要求,组织本组裁判员的学习和实习。

(2) 根据比赛日程和参赛队的情况,安排本组裁判员每日、每场的分工,并事先报总裁判长审核。

(3) 每日、每场赛前检查场地和用具。

(4) 及时做好每日裁判工作小结,抓好本组裁判员的思想工作,关心本组裁判员的生活。

(5) 负责本组的事务性工作(包括领取和保管裁判工作用具等)。

(6) 遇有难解的重大问题,应及时向总裁判长报告。

(7) 竞赛中的工作职责:

①协调场上裁判员的工作。

②细心观察比赛的整个过程,并根据规则评判执行裁判组及其他成员的工作行为。

③当场上主裁判员、助理裁判员的判罚出现分歧时,执行裁判长有权决定比赛的结果。

④场上主裁判员发生明显错判时,总裁判长和执行裁判长有权暂停比赛,询问场上主裁判员(边裁)做出该决定的理由;在总裁判长、执行裁判长与场上主裁判员协商后,如得到支持意见的多数票(2∶1),可立即更改决定。

4. 裁判组人员的职责分工

裁判组应由以下人员组成:执行裁判长(组长)、临场主裁判员、边裁、比分操控员、记录员、宣告员、临场医务人员。

(1) 场上主裁判员的主要职责

①裁判员必须受到运动员的尊重并对运动员拥有绝对权威,以使运动员在场上能立即执行他的命令和指示;在裁判员执法比赛时,不允许场外有任何不适宜的干涉。

②执裁中的主裁判员应与其他裁判员密切配合,履行监督比赛的职责并使比赛免受外界的干扰或冲击。通过手势和口令开始、暂停和结束比赛。

③运动员出界、倒地、违规、犯规后,主裁判员应立即做出判罚。

④在场上执裁时,根据运动员的移动情况不停地变换自己的位置,避免背对主席台。取位与比赛运动员保持等腰三角形。

⑤注意事项:

在比赛过程中,出现运动员受伤时,主裁判员可立即中断比赛,并遵循以下处理程序：

主裁判员发出口令,做暂停手势,比赛暂停,比分操控员立即停表,受伤运动员经治疗上场后,比赛由暂停时间处继续开始;即使只受轻伤,只要主裁判员认为有必要,受伤运动员必须立即停止比赛,到场下接受治疗。受伤运动员在5分钟内不能再战时即可判其负;由严重犯规行为造成对方受伤,5分钟后不能恢复比赛,判犯规者负。

(2) 边裁的主要职责

①边裁应履行规则规定的所有职责。

②边裁必须集中精力观察比赛的全部过程,尤其是当主裁判员观察视线受到遮挡时,边裁有权向主裁判员示意出界、进场、违规等客观违规现象。

③边裁应依据主裁判员移动的位置适时地调整自己的观察位置。

④因观察角度导致主裁判员做出错误的判罚时,边裁应及时做出相应手势通知主裁判员,并与主裁判员协商达成一致意见。

⑤边裁应对团体赛各队车、马、炮、象、将的身份进行确认,管理双方教练员及队员的行为,确保其不对比赛造成影响。

5. 记录台人员设置及主要职责

(1) 记录台人员

执行裁判长1名、比分操控员1至2名、宣告员1名、记录员1至2名、赛事解说员1名。

(2) 记录台人员位置

在对战区第一边界线向外2米处居中位置,面向对战区。比分操控员、记录员、宣告员、执行裁判长、赛事解说员由左至右依次就座。

(3) 记录台设备

脚斗士比分操控电脑1台、记录表一式3份、翻分器1个、铜锣1面、摇铃1个、秒表1只、手持麦克风2个、手举牌(局数、时间到、红方胜、黑方胜、暂停等)一套。

(4) 记录员的主要职责

①记录员负责将两队比赛中的得分、违规、严重犯规和最终比分填写到记录表中;在个人比赛中,当一方首先达到或超过15(21)分时,记录员应立刻通知宣告员发信号告知主裁判员。

②记录员应掌握竞赛规则,并负责记录、签字及交送记录表等工作。

③记录员应对裁判员判罚的手势、语言等做出准确的判断和理解,并记录在脚斗士竞赛记录表的相应位置。

④记录表不允许涂改,一旦写错需要改动,必须由执行裁判长确认后方可进行,并在改动处签名。

⑤记录表格(个人赛表、团体赛表)一式3份,组委会、参赛双方各1份。

⑥在团体比赛开始前15分钟,及时通知双方教练员填写一份队员信息记录单,以确定本场比赛所有队员身份和第一局上场队员。此表上交记录台后不得修改,并确保赛前此表的真实保密性。

(5) 比分操控员的职责

负责计时及比赛中的比分、违规、犯规等显示。要随主裁判员"暂停""开始"的手势精确计时。口语提醒记录员记录违规、严重犯规及失败队员,并在时间快结束时提醒宣告员准备敲锣宣布时间到。

(6) 宣告员的主要职责

介绍赛会概况,宣布每场比赛级别、场次,介绍临场裁判员、双方运动员和比赛结果,并负责比赛开始和结束时的摇铃和敲锣工作。

(7) 解说员的主要职责

熟悉脚斗士竞赛规则及裁判法,具有一定的语言表达能力,适时介绍脚斗士比赛的基本知识及竞赛特点,适当介绍运动员及运动队的基本情况、各单元比赛结果及全场比赛结果。

6. 检录员的主要职责

(1)点名:每场比赛开始前30分钟进行第一轮点名,第二轮点名在第一轮点名之后立即进行,即连续点名两次。两轮点名结束均未能到场检录者,按自动弃权论处。比赛时间开始1分钟后未能上场比赛者,按自动弃权论处。若运动员在检录开始时正在进行其他项目的比赛,本队教练员或领队须告知检录员并确认情况,否则按弃权论处。

(2)检查:点名后对运动员的身体、服装和护具进行检查,运动员不得携带任何可能给对方造成伤害的物品。检录员由组委会指定专人担任,运动员应无条件积极配合。

(3)入场:检查合格后,在检录员的安排下,运动员和一名教练员(随队医生一人)进入比赛场地指定位置,准备进行比赛。

7.临场医务人员的主要职责

(1)当脚斗士比赛组委会医务代表认为运动员有危险时,有权随时通过执行裁判长终止比赛,同时也有权宣布不适宜继续比赛的一方运动员立即停止比赛。

(2)如果运动员受伤,场上裁判员必须立即请求医生介入,由医生判断受伤是否真实。如果医生确定运动员的受伤是伪装的,场上主裁判员在征得裁判长同意后可对其实施惩罚(判违规或判失败)。

(3)如果运动员确实受伤,医生应在限定的时间(5分钟)内对其进行必要的治疗,并决定该运动员能否继续比赛。

(4)如果没有大会医生,场上裁判员对一场比赛的暂停时间最长可达5分钟;运动员受伤的真实性由执行裁判组与医务服务组交流后进行判断;比赛计时员应在暂停时间累计达到1分钟时宣告一次。

(5)暂停时间到4分50秒时,场上裁判员必须将双方运动员召集到场地中央。如果运动员主动终止比赛,则其对手获得胜利。

二、临场裁判工作

(一)比赛前的准备工作

1. 提前1小时向组织者或技术代表报到,提前30分钟到达比赛场地。

2. 以良好的身体和精神状态,换好官方要求的服装后做热身准备活动。

3. 检查服装,外表整洁,不得携带任何可能对选手造成伤害的物品(手机、手表、金属物品等)。

4. 服装是否符合规则要求。

5. 赛前主裁判员检查场地及设备,监督比赛队热身;两名边裁检查各队队员和教练员等是否就位,着装和护具是否符合规则要求;主裁判员检查记录表,赛前15分钟教练员要确认本队的"车、马、炮、象、将"并签字。

6. 发出口令并以手势指挥双方上场。

7. 口令和手势要求:

(1)严格按竞赛规则的要求使用口令,做出手势。

(2)及时、准确、清晰地表达自己的判断(但不能夸张),口令要洪亮、果断,动作要敏捷、干脆,应避免与运动员有身体接触。

(3) 尽量减少中断比赛,不要做不必要的、多余的手势。

(4) 发口令或做手势时都要威严自信,表情自然

8. 站位与移动:

(1) 根据比赛的级别、身高等情况与运动员保持一定的距离,注意不能距运动员太近或太远,以不影响运动员正常发挥水平为原则。

(2) 根据场上情况不断移动位置。移动时要迅速、敏捷,步法灵活。

(3) 不允许从正在比赛的双方运动员中间穿过。

9. 集中注意力,排除干扰。

(二) 比赛开始后的工作

1. 比赛中对违规和胜负的宣判

比赛中对违规和胜负进行宣判时,应首先暂停比赛,将运动员分开。

(1) 违规判罚程序

暂停—落位—判违规—重新开始比赛(根据违规情况判定比赛开始的位置)。

(2) 宣判胜负的程序

①个人赛中宣判胜负的程序:暂停—落位—宣判××方胜—退场。

②团体赛中决胜局前宣判胜负的程序:暂停—落位—宣判××败—退场。

③团体赛中决胜局的宣判胜负的程序:暂停—落位—宣判××失败—双方全体队员入场—宣判本场比赛××方胜—退场。

2. 比赛中的休息与退场

(1) 主裁判员休息时应在指定位置(第三边界线中点外0.5米处),面向比赛场地站立,神态严肃自然。

(2) 宣判比赛结果。

(3) 比赛结束审验记录表,签名确认后方可退场。

(三) 主裁判员对违规判罚的指导原则

根据规则总的精神,主裁判员应在执裁过程中倡导公平竞争的精神,保护运动员的安全,保证运动员技术水平的发挥和比赛的顺利进行。主裁判员的任何判罚都应该遵循这个精神,主要应视以下几个方面的情况做出合理的判罚。

1. 从重原则

根据规则的精神,原则上对有意和故意的违规和犯规给予较重的判罚。

2. 有先有后

比赛中,无论是正常的发挥技术或出现犯规,都存在严格的时间概念。例如,攻击行为中的击中头部,一方运动员跳起攻击对方躯干,另一方运动员采用下蹲躲避进攻,造成攻击部位不准而击中头部。这种情况属于合理进攻在前,犯规结果在后,下蹲运动员应负主要责任,主裁判员应根据后果给予相应的判罚。

3. 有利无利

主裁判员的判罚应针对犯规一方,要有利于公平竞争,有利于运动员技术水平的发挥,有利于比赛的顺利进行。例如对因违规使对手出界的判罚,若是远边线的队员犯规,则采用回站位点继续比赛的判罚,不能让不合理的违规给犯规的一方带来利益。

4. 及时准确

主裁判员对违规应坚决及时地按规定执行。如不判违规,就说明违规程度不够判罚标准。主裁判员不应出现莫名其妙、模棱两可的判罚。

5. 同一片段

主裁判员执裁时应精神集中,将注意力同时集中在两名运动区上尤其是当主动方在进攻时,注意力不能仅在被动方。例如,一方在大力进攻击倒另一方的同时用手发力过猛导致自身脱手,这种情况属于同一片段,主裁判应对双方均进行合理判罚。

三、裁判员执裁的口令及主要手势

(一) 比赛前(礼节)的口令与手势

1. 运动员入场(口令:预备—入场—敬礼)

主裁判员站在对战区主裁位置,两臂侧平举,掌心朝上,指向双方运动员(图 5-4),发出"预备"的口令。屈肘 90°,前臂上举,掌心相对(图 5-5),发出"入场"的口令。在双方到达站位点的同时,两臂屈肘向内下压平举于胸前,双手由掌变拳,拳心向下,拳峰相对(图 5-6),同时发出口令"敬礼"。

图 5-4 "预备" 　　　图 5-5 "入场" 　　　图 5-6 "敬礼"

2. 落位(口令)

两臂侧下举,掌心向下,分别指向运动员站位点,同时发出"落位"的口令(图 5-7)。

图 5-7 "落位"

3. 退场(口令)

两臂折叠夹于身体两侧,再伸直侧平举,向上屈腕,掌心向外,同时发出"退场"的口令(图 5-8)。

图 5-8 退场

(二) 比赛中的手势

1. 基本手势

(1) 预备:双方队员进入区域后,主裁判员右腿后撤半步,前腿微屈,后腿伸直,成弓步,同时左臂自然下垂,右臂前平举,掌心朝上,同时发出口令——"准备"(图5-9)。

图5-9 "准备"

(2) 开始:双方运动员准备完毕后,主裁判员手掌逆时针旋转90°并稍下压,掌心朝外,小指侧与地面垂直,同时发出口令——"开"(图5-10)。

图5-10 "开"

(3) 读秒:一手握拳屈肘平举于胸前,拳心朝下,然后向右伸直手臂,同时按从拇指到小指的顺序依次由内向外伸臂,开始读秒——"1,2,3,4,5",并显示给运动员(图5-11)。

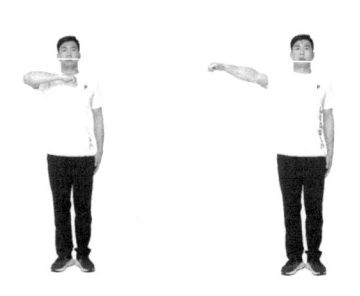

图5-11 "读秒"

(4) 暂停(停表):主裁判员左腿向前半步微屈膝,右腿伸直成弓步,左臂下垂于体侧,右臂向前斜举,手指并拢,掌心向左插入两名比赛队员中间,同时发出口令——"停"(图 5-12)。

图 5-12　"停"

（5）×方败：主裁判员以手势和语言告知失败队员。靠近失败方一侧的手臂向斜下方伸直,掌心向上(图 5-13)。同时发出口令——"×方败"(如"红方败")。

图 5-13　"×方败"

（6）×方胜：主裁判员以手势和语言告知获胜的队员。靠近获胜方一侧的手臂斜上举成 45°,掌心向上(图 5-14)。同时发出口令——"×方胜"(如"红方胜")。

图 5-14　"×方胜"

(7)宣布比赛结果：比赛结束，主裁判员双臂伸直掌心向下指向运动员站位区，示意双方运动员进入站位区（面向主席台）。主裁判员走到运动员中间，面向主席台，高举靠近获胜方运动员一侧的手臂，同时发出口令——"×方胜"（如"红方胜"）。团体比赛要换口令为"×方×队胜"。

2. 违规、犯规手势

(1)非法进攻（违规）：先暂停，面向犯规队员成立正姿势，左臂伸直，五指并拢掌心向下，指向违规方躯干部位，右臂握拳屈肘于胸前，拳心朝下，同时发出口令——"非法进攻"（图5-15）。

图5-15 "非法进攻"

(2)脱手：面对被警告方，两上臂自然垂直且前臂位于胸前交叉向身体中线倾斜45°双手握拳，右手握在左手手腕处后，两前臂迅速向上，下（外）方打开与身体中线成60°夹角，前臂与地面平行，同时发出口令——"脱手"（图5-16）。

图5-16 "脱手"

(3)界外：立正于边线一侧，脚尖平行于边线，手臂伸直，五指并拢，对准边线前后挥动手臂一次，同时发出口令——"界外"（图5-17）。

图 5-17 "界外"

（4）不文明行为：面对违规方，左臂向前伸直，五指并拢，掌心向下，指向违规方躯干部位；右臂屈肘抬起，将食指放至嘴前由内向外伸直手臂，立起食指，同时发出口令——"不文明行为"（图 5-18）。

图 5-18 "不文明行为"

（5）双方犯规：两手握拳，两前臂交叉于胸前，同时发出口令——"双方犯规"（图 5-19）。

图 5-19 "双方犯规"

（6）三秒违规：面向犯规队员成立正姿势，左臂侧平举，五指并拢，掌心向下，指向犯规方躯干部位；右臂抬起，屈肘成 90°，立掌上举于体前，拇指、食指、中指三指张开,掌心朝向违规队员,同时发出口令——"三秒违规"(图5-20)。

图 5-20 "三秒违规"

(7)各违规一次:面向队员,两臂屈肘90°上举于体侧。两食指竖起,其余手指握拳,同时发出口令——"各违规一次"(图5-21)。

图 5-21 "各违规一次"

(8)严重犯规:主裁判员以手势和语言告诫犯规队员。先暂停,面向犯规队员成立正姿势,左臂前平举,五指并拢,掌心向下,指向犯规方躯干部位;右臂上举手握拳,拳心朝向犯规队员,同时发出口令——"×方犯规"(如"红方犯规")(图5-22)。

图 5-22 "×方犯规"

（9）无效：双臂伸直在体前交叉两次，掌心向下，同时发出口令——"无效"（图 5-23）。

图 5-23 "无效"

（10）×方消极：主裁判员以手势和语言告诫消极队员。先暂停，面向消极队员成立正姿势，靠近消极方一侧的手臂伸直，五指并拢掌心向下，指向犯规方躯干部位；另一手臂弯曲，五指并拢，手掌置于胸口处，掌心朝另一侧之后，指向消极方的手臂收回，握拳指向另一手掌心，同时发出口令——"×方消极"（图 5-24）。

图 5-24 "×方消极"

参考文献

[1] (南朝·梁)任昉.述异记[M]长春:吉林大学出版社,1992.

[2] 武文.中国民间文学古典文献辑论[M].北京:民族出版社,2006.

[3] 班固.汉书[M].北京:中华书局,1962.

[4] 张君贤,戴国斌.汉唐至宋元时期的角抵竞赛文化研究[J].北京体育大学学报,2020,43(01):146-156.

[5] 杨泓.古文物图像中的相扑[J].文物,1980(10):88-90+85.

[6] 李季芳.隋唐五代角抵戏之复兴及其专业化——中国古代摔跤史略(中续)[J].成都体育学院学报,1979(01):9-14.

[7] Ritzer,G. The McDonaldization of society[M]. Thousand Oaks,Calif:Pine Forge,1993.

[8] 中国体育年鉴编辑委员会.中国体育年鉴1987[M].北京:人民体育出版社,1990.

[9] 中华人民共和国教育部制订.全日制义务教育体育与健康课程标准[M].北京:北京师范大学出版社,2011.

[10] 凤凰新闻.专访吴彦达——誓为中国体育文化产业打造"两弹一星"的创业狂人.[EB/OL](2022-04-25).

[11] 金岳霖,汪奠基,等.形式逻辑简明读本[M].北京:中国青年出版社,1962.

[12] 国家体育总局.国家体育总局社会体育指导中心2006年工作要点[EB/OL](2006-2-13).

[13] 脚斗士总决赛京城落幕[J].中国学校体育,2007(1):86.

[14] 衣朋华."斗拐"斗出特色体育项目脚斗士成为我国首个拥有自主知识产权的体育项目[N].中国知识产权报,2006-04-26.

[15] 卢元镇.体育运动的文化学断想[J].体育与科学,1986(5):1-3.

[16] 张厚福.优秀传统民族体育项目的知识产权保护[J].武汉体育学院学报,2000(4):64-66.

[17] 高文峰.脚斗士训练对大学生体能影响研究[J].体育文化导刊,2010(03):94-95+

109.
[18] 吴彦达.脚斗士运动[M].北京:人民体育出版社,2009.
[19] 田麦久.运动训练学[M].北京:人民体育出版社,2000.
[20] 毛振明.体育教学论[M].北京:高等教育出版社,2005.
[21] 沈建华,陈融.学校体育学[M].北京:高等教育出版社,2010.
[22] 国际脚斗士协会.脚斗士运动:规则·裁判法·竞赛组织[M].北京:人民体育出版社,2017.
[23] 王俊良.脚斗士运动进攻与防守技术的研究[J].体育风尚,2018(7):48.
[24] 高亮,朱瑞琪."脚斗士"运动的形成、发展研究[J].北京体育大学学报,2013,34(1):141-144.
[25] 董礼楠."保护、传承与创新发展"——"脚斗士"民族传统体育项目课程开发研究[G].2022年中国体育非物质文化遗产大会墙报交流摘要汇编.
[26] 冉春燕,张云刚."脚斗士"在紫云苗族布依族自治县中学体育课中开展的可行性[J].贵阳学院学报(自然科学版)(季刊),2013,8(4):63-66.
[27] 周林.从"脚斗士"运动的演变进程试析中国传统体育的现代化[D].延边大学硕士学位论文,2012.
[28] 高卫哲,徐成娟,王佳.编订体育教学目标必需明辨的若干问题[J].教学与管理,2007(24):101-102.
[29] 阎智力.中日中小学体育课程目标的比较[J].体育学刊,2005,12(1):99-103.
[30] 徐焕喆,赵勇军.新时代我国高校体育教学改革任务及措施[J].体育文化导刊,2022(2):98-104.
[31] 赵剑晓.立德树人思想与学科教学的融合[J].中国教育学刊2023(S1):197-200.
[32] 张祝平.脚斗士运动的文化审视及其对我国民族传统体育复兴的范式价值[J].首都体育学院学报,2012,24(6):507-512.
[33] 蔡仲林,汤立许,张法平.脚斗士运动的现代嬗变与发展启示[J].成都体育学院学报,2010,36(12):32-36.
[34] 霍军.体育教学方法实施及创新研究[J].北京体育大学学报,2013,36(1):84-91.
[35] 刘欣然,张宇强.新中国学校体育思想史的认知向度、流变历程与价值意涵[J].首都体育学院学报,2022,34(5):491-500.
[36] 张丽军,孙有平.大数据驱动的体育精准教学模式研究[J].天津体育学院学报,2022,37(2):174-180.
[37] 韦志成.语文教学情境论[M].南宁:广西教育出版社,1996.
[38] 崔铁成,张宗程,刘文娟.技能掌握式和启发式教学模式在普通高校网球选修课中的对比研究[J].山东体育学院学报,2007,23(4):121-124.

[39] 邹师.体育教学模式分类及其应用研究[J].成都体育学院学报,2001,27(3):29-33.
[40] 张中印,马凌波,尹志华.指向核心素养的体育教学设计:理论与路径、问题与策略[J].北京体育大学学报,2022,45(3):58-68.
[41] 陈小蓉.体育战术学[M].北京:人民体育出版社,2000.
[42] 中国体育科学学会,香港体育学院.体育科学词典[M].北京:高等教育出版社,2000.
[43] 田麦久,武福全.运动训练科学化探索[M].北京:人民体育出版社,1988.
[44] 李少丹,惠民.运动竞赛学[M].北京:北京体育大学出版社,2005.